Ruediger Dahlke

PEACE FOOD

Das vegane Kochbuch

INHALT

PEACE FOOD

PEACE FOOD – EINE EINFÜHRUNG 4

ZUM NACHSCHLAGEN

PEACE FOOD – EINE EINFÜHRUNG

Die schlechte Nachricht ist: Das Leben vergeht wie im Flug.
Die gute ist: Du bist der Pilot.

Menschen haben keinen natürlichen Impuls, Tiere, beziehungsweise deren Fleisch, zu essen. Wenn wir ein Reh, Kalb, Lamm oder Ferkel, eine Ente oder ein Pferd sehen, wollen wir es vielleicht beobachten, streicheln und füttern. Wir freuen uns an seinem Anblick. Jedenfalls haben wir weder spontane Lust, Tiere zu töten, noch sie zu essen. Wenn wir dagegen im Wald spazieren gehend Brombeeren oder Himbeeren in der Sonne leuchten sehen, haben wir den Impuls, sie zu pflücken. Das Wasser läuft uns im Mund zusammen. Wir bekommen Lust, sie zu uns zu nehmen. Ihr Duft ebenso wie der von frischen Kräutern spricht uns an, wohingegen der Geruch von Tieren uns niemals animiert, sie uns einzuverleiben. Wenn wir Tiere zu uns nehmen wollen, tun wir es, um sie gern und als Gefährten und Freunde zu haben. Sie zu essen, ist uns nicht angeboren, und kleine Kinder müssen dazu oft überlistet werden. Nachdem mein Bestseller „Peace Food"[1] bereits in seinem ersten Jahr mit harten Fakten aus Studien und sanften Empfindungen des Mitgefühls zu den Mitgeschöpfen viele und vieles in Bewegung brachte, war es naheliegend, eine praktische Fortsetzung zu schaffen: ein Kochbuch mit ebenso schmackhaften wie bekömmlichen Rezepten, die den Übergang vom Alles-Essen zu vollwertiger Pflanzenkost zum Genuss machen.

Der Bedarf ist groß: Täglich erreichen mich Mails von Lesern, die ihren Wechsel zu Peace Food melden. Andere Zuschriften lassen mich wissen, wie viel besser sich die Absender mit Peace Food fühlen, und nicht wenige berichten von verschwundenen Krankheitssymptomen. Der gesellschaftliche Trend passt dazu. Laut der Albert-Schweitzer-Stiftung wurden 2012 160 000 Tonnen Fleisch weniger verzehrt und Millionen Schlachttiere weniger geschlachtet als im Vorjahr – von den ersparten Operationen, ausgebliebenen Erkrankungen, vor dem Verhungern geretteten Menschen und eingesparten Klimagasen ganz zu schweigen. Lassen Sie uns auf diesem Weg bleiben und noch viele mitnehmen: Be the difference – eat different! Sei der Unterschied – iss anders!

Tierprotein ist schädlich

Moderne Ernährungsstudien renommierter US-Forscher wie Caldwell Esselstyn und Colin Campbell, aber auch des deutschen Professors Claus Leitzmann, veranschaulichen den Zusammenhang zwischen unserem Essen und unserer Gesundheit. Tierprotein gehört demnach zum Schäd-

Tiere sind Freunde und Gefährten des Menschen. Die Lust, sie zu töten und aufzuessen, ist uns nicht angeboren.

licheren, was wir uns antun können. Es fördert – wissenschaftlich nachgewiesen – Gefäßverschlüsse und damit Herzinfarkte und Schlaganfälle, bereitet Krebs den Boden und beiden Arten von Diabetes, fördert Allergien und Alzheimer, Rheuma und Gicht. Und das ist leider nicht alles. Die meisten modernen Zivilisationssymptome wie hoher Blutdruck werden dadurch verschlimmert. Dass Milch jene Osteoporose bewirkt, die sie – laut Schulmedizin und Lebensmittel-Industrie – verhindern soll, ist makaber. In Ländern ohne Milchkonsum gibt es weder Osteoporose noch Diabetes Typ 1. Tiermilch ist zu einer gefährlichen Falle geworden.

Tier-Angst im Fleisch

Peace Food zeigt den Zusammenhang zwischen wachsender Angst in der Bevölkerung und dem Konsum von Angst über Fleisch, das die Angsthormone und -schwingungen enthält, die Tiere beim Anstehen zum Schlachten produzieren. Tatsächlich kennen wir Panikattacken erst, seit die EU

das Schlachten fast ausschließlich in Großschlachthöfe verlegte. Dass die 60 Millionen Schweine, die Deutsche jährlich essen, zu 98 Prozent aus Tier-Zuchthäusern stammen, in denen diese reinlichen, sensiblen Tiere die fünf Monate ihres Lebens gezwungen werden, im eigenen Kot zu vegetieren, hat auch für uns schreckliche Konsequenzen. Ein kleiner Teil der Tiere verfällt dabei dem Wahnsinn, die übrigen versinken in Lethargie und Apathie. Das spiegelt eine Bevölkerung, die im Laufe des Lebens zu einem Drittel Psychosen erleidet und über Depressionen und Burn- und Bore-out-Syndrome millionenfach in „Seeleninfarkte“[2] abrutscht, die sich durch Apathie und Lethargie auszeichnen. Die Parallelen zwischen Tier- und Menschenreich sind nicht zu übersehen.
Die gute Botschaft aber ist: Wer aus der Tierprotein- und -fettmast aussteigt, hat beste Chancen, sich wieder zu erholen und ein ganz neues Lebensgefühl zu entwickeln, während er gesünderes und wohlschmeckenderes Essen genießt und eine ungleich vitalere Ausstrahlung entwickelt. Selbst bereits verschlossene Herzkranzgefäße können wieder aufgehen und verschiedene Krebsarten sich zurückbilden. Und dafür ist kein Verzicht notwendig, im Gegenteil. Das wird dieses Buch in seinem großen zweiten Teil offenbaren, den die Rezepte meiner Lieblingsköche ausmachen. Das Leben wird leichter, nicht nur was Körpergewicht und Kochen angeht.
Der Bezug zwischen dem Leid in der Welt in Gestalt des Hungers von Millionen und dem Tierkonsum wird immer mehr Menschen klar – ebenso die Tatsache, dass Massentierzucht für die Umwelt weit schädlicher ist als aller Verkehr der Welt – zu Land, zu Wasser und in der Luft. „Peace Food“ verdeutlicht diesen Zusammenhang und zeigt Auswege in ein neues, ungleich schöneres und eleganteres Lebensgefühl. Im eigenen Auftrag schlachten zu lassen ist ja nicht nur herz-, sondern auch ziemlich stillos, und das wird heute immer mehr – vor allem jungen – Menschen bewusst.
Offenbar entwickelt die in „Peace Food“ ausgedrückte Lebensphilosophie – Einklang mit sich selbst, der Erde und ihren Wesen zu finden – große Faszination. Bücher wie Jonathan Foers „Tiere essen“ und Karen Duves „Anständig essen“ haben das Terrain bereitet. Hinzu kommt, dass immer breitere Bevölkerungskreise einerseits außer Form geraten und andererseits genug von Diäten haben, die auf Dauer nicht halten, was sie versprechen. Sie haben all die Lebensmittelskandale satt, die erlaubten Zusatzstoffe und Gifte, die das übliche Essen belasten. Bücher wie „Die Suppe lügt“ und „Die Ernährungslüge“ von Hans-Ulrich Grimm erreichen ein breites Publikum, schrecken auf und machen reif für Umdenken und Peace Food.

Umstellung mit Genuss

Jetzt ist der Zeitpunkt gekommen, an dem immer mehr Menschen aus Teufelskreisen aussteigen und in eine Art „Engelsspirale“ wechseln. Peace Food ist der einfachste Weg, sich selbst und seinen Mitmenschen, den in Hungerländern Darbenden, leidenden Tieren und nicht zuletzt Mutter Erde zum Engel zu werden. Das ist neu. Aber, wie Victor Hugo schon vor langer Zeit sagte: Nichts kann eine Idee stoppen, deren Zeit gekommen ist.
„Peace Food“ hat sich kaum durch Werbe-

maßnahmen verbreitet – ganz im Gegenteil: Anfangs wurde es von den großen Medien konsequent ignoriert und trotzdem allein im ersten Jahr von mehr als 50 000 Menschen gekauft, gelesen und weitergegeben. Ihnen allen sei Dank im Namen der Menschen, der Tiere und unseres Heimatplaneten!
An dieser Stelle gilt mein besonderer Dank meinen Lieblingsköchinnen, die mit ihren köstlichen Rezepten meinen Wünschen Flügel verliehen haben.

FRAUEN – WEGBEREITERINNEN FÜR PEACE FOOD

Viele Zuschriften enthüllten neben Begeisterung für den neuen Weg auch Probleme bei der Umstellung, vor allem mit eher entwicklungsfaulen Partnern. Denn oft sind es Frauen, die „Peace Food" geradezu verschlingen und in ihrer Betroffenheit spontan den Schritt zu reiner Pflanzenkost vollziehen. Da wird manchmal noch spätabends nach dem Vortrag der Kühlschrank ausgeräumt und Platz für Neues und eine neue Zeit geschaffen. Partner, die schon frühere Schritte Richtung Fleischverzicht boykottiert hatten, kommen manchmal nicht ganz mit, wenn sie zu abrupt von Currywurst auf Pflanzenkost umgestellt werden. „Peace Food" verdankt seinen Erfolg wahrscheinlich vor allem jenen Frauen und jungen Leuten, die nach der Lektüre sofort Nägel mit Köpfen machen und die Umstellung für sich innerlich vollziehen. Dem weiblichen Wesen scheint es insgesamt näherzuliegen, im Bereich Gesundheit Schritte in Neuland, auch zugunsten anderer fühlender Wesen, zu wagen. Frauen spüren intuitiv, wie notwendig gerade auch für die Gesundheit ihrer

Tofu, Seitan & Co –pflanzliche Eiweißprodukte, die so fein schmecken, dass niemand Fleisch und Speck vermisst.

Partner der Wechsel wäre. Von der erdrückenden Beweislast harter Fakten motiviert, nehmen sie Auseinandersetzungen in Kauf, die tatsächlich gar nicht notwendig wären. Denn es gibt heute bereits eine Menge guten „Ersatz", der gesünder ist und oft sogar schon schmackhafter als das, was er ersetzt.
Aus diesem Grund gibt es im Peace-Food-Kochbuch viele Rezepte mit sogenanntem Fleischersatz, der auf Tofu-, Dinkel- und Weizen-Seitan-Ebene genauso wenig

geschmackliche Wünsche offenlässt wie der Milchersatz. Besser sollten wir deshalb von Fleisch- und Milchaufwertung sprechen. Die Köchinnen geben im Anhang dieses Buches die Alternativen und ihre besten Bezugsquellen an.
Inzwischen hatten wir in unserem neuen Seminarzentrum TamanGa, wo wir von Anfang an auf vollwertige Pflanzenkost setzten, schon viele Gäste, denen Mandelmilch zum Cappuccino und Kokosmilch im Curry besser schmeckten als Kuhmilch. Mittlerweile war ich öfter mit Allesessern in veganen Restaurants wie dem „Schillinger" in Großmugl bei Wien, und meinen Begleitern fiel gar nicht auf, dass ihr Cordon bleu statt aus Fleisch pflanzlich war. Ein Journalist bemerkte erst als er zum Nachtisch nochmals zur Karte griff, dass man hier offenbar Fleisch nicht schreiben, es dafür aber umso besser zubereiten könne. Das Wort „Vleisch" – in Anlehnung an „vegan" – war ihm aufgestoßen. Auch wenn ich persönlich diese Fleischaufwertung nicht brauche, staune ich oft über die Kreativität, mit der entsprechende Restaurants Lachs- und Wiener Schnitzel auf so viel gesündere und schmackhaftere pflanzliche Art zubereiten. Jedenfalls kann ich diese Fleisch- und Milch-Illusion all denjenigen empfehlen, die Angst vor Verzicht haben und Geschmackseinbußen fürchten. Persönlich habe ich noch nie so gut gegessen wie im letzten Jahr, seit in der TamanGa-Küche mit Pflanzen aus eigenem Anbau gezaubert wird.
Nach über 40 Jahren vegetarischer und nun schon fast vier Jahren pflanzlicher Kost erinnere ich mich kaum, wie Bratwurst und Steak schmecken. Die Begeisterung der Allesesser für veganes „Vleisch" freut mich aber, denn hier eröffnet sich ein leichter Ausweg aus einem Dilemma, das nicht nur Geschmacksnerven, sondern auch Beziehungen berührt. Peace Food beginnt mit dem bewussten Auslassen der ersten Fleischmahlzeit und mündet von da – idealerweise – in ein neues, schöneres Lebensgefühl und einen Lebensstil, der inneren und äußeren Frieden fördert.

PEACE FOOD – DAS ENDE DES KUHMILCHIRRTUMS

Peace Food – Friedensessen – ist nicht gleichbedeutend mit vegan, sondern basiert auf wissenschaftlichen Forschungsergebnissen, die das Weglassen allen Tierproteins und -fettes aus gesundheitlichen Gründen nahelegen. Es ist deshalb zum Beispiel nicht gegen Honig, und in TamanGa leben viele Bienenvölker mit uns. Wer sonst sollte unseren großen, bunten Bio-Garten bestäuben? Natürlich behandelt Paul, unser Biogärtner und Imker, sie gut und lässt ihnen genug Honig für den Eigenbedarf. Auch im Auftragen alter Ledersachen aus weniger bewussten Zeiten drückt sich in meinen Augen mehr Respekt für die Tiere aus als im Wegwerfen. Obendrein verrät es, dass wir hier in TamanGa auch erst auf dem Weg zu einem erwachten Leben sind.
Noch vor fünf Jahren wusste ich nichts vom Kuhmilch-Desaster, betete die Vorurteile meiner Ausbildung gegen vegane Kost für Kinder nach und tolerierte milchhaltige Gerichte in der ersten Ausgabe von „Richtig essen"[3], ganz abgesehen von meiner eigenen damaligen Vorliebe für milchhaltige Desserts. Inzwischen habe ich diese Irrtümer

eingesehen und entsprechend korrigiert. Ich entschuldige mich gern dafür und hätte es besser wissen müssen. Seit meinem späten Abstillen habe ich weder Milch getrunken noch Eier gemocht. Leider tat ich es als persönliche Eigenart ab. Dabei rate ich seit über 30 Jahren Müttern von Allergiekindern von Milch und Milchprodukten ab und weiß aus der Traditionellen Chinesischen Medizin, wie sehr Milch verschleimt. Seit Langem ist mir bekannt, dass praktisch alle Typ-1-Diabetiker Antikörper gegen Kuhmilch im Blut haben und es in Ländern mit geringem Milchkonsum diese Diabetesform genauso wenig gibt wie Osteoporose. Das hätte eigentlich reichen müssen!
Peace Food beginnt – wie gesagt – bereits mit bewusstem Weglassen einer Fleischmahlzeit und führt konsequenterweise zu vollwertiger Pflanzenkost. Das ist ein Weg, den mit mir inzwischen viele mit großem Gewinn für ihre Gesundheit gegangen sind. Er ist natürlich umso einfacher und köstlicher, je schmackhafter die Kost ist. Dazu kann dieses Kochbuch beitragen. Die Qualität seiner Gerichte wird den Familienfrieden fördern, aber auch zu innerem und äußerem Frieden beitragen, und da liegt seine und unsere größte Chance.

WER SIND WIR? WAS SOLLEN WIR ESSEN?

Jeden Morgen kann uns der Blick in den Spiegel helfen, zu entscheiden, ob uns da ein Raubtier oder ein Mensch ansieht. Die heute üblich gewordene Fleischmast ist nicht artgerecht, weist uns doch unser Organismus als überwiegende Pflanzenesser aus. Sicher hat der frühe Mensch etwa in der Not

Meine Lieblingsköchinnen im Peace-Food-Kochbuch

Vier Köchinnen und ein Koch haben für das Peace-Food-Kochbuch ihre besten Rezepte aufgeschrieben. Ich bin ihnen von Herzen dankbar dafür.

dn Die ausgezeichnete Haubenköchin Dorothea Neumayr, meine Co-Autorin bei früheren Ernährungsbüchern, hat als Erste den Spagat zwischen ästhetisch anspruchsvollem und gesundem Vollwertessen geschafft. Sie hat die 30 Rezepte in „Peace Food" entwickelt und auch für dieses Buch wieder ihre Schatzkammer anspruchsvoller pflanzlicher Gerichte geöffnet.
gl Gabriele Lendle, eine meiner Fastenkurs-Teilnehmerinnen, die den Sprung zu reiner Pflanzenkost sofort und in der ersten Stunde von „Peace Food" mitvollzog und sogleich ihr eigenes Kochbuch herausgab, war spontan bereit, die Highlights ihrer Küche weiterzureichen.
hb Hildegard Biller schließlich ist schon lange auf ihrem anspruchsvollen Weg mit rein pflanzlicher Küche und ihrem Soami Yoga Retreat Center in Obermillstatt.
bc Persönlich genoss ich mit vielen Seminar- und anderen Gästen die Küche von Sabine„Bimbi" Roots und Chris Sternik im ersten TamanGa-Jahr.
Unterstützt von dieser Küchen„mann"schaft freue ich mich auf die Auswirkungen des Peace-Food-Kochbuchs. Dass meine Mannschaft vor allem aus Frauen besteht, ist weniger Zufall als Antwort auf das Fernseh-Theater, wo wenige männliche Starköche einem Millionenheer von Frauen vorkochen – vor allem Speisen, vor denen ich als Arzt dringend warnen muss.

von Eiszeiten alles essen müssen, was er zu fassen bekam. Hier hilft uns Modernen der Blick aus dem Fenster. Wenn draußen keine Eiszeit herrscht, sind solche Maßnahmen nicht mehr notwendig. Was das Überleben der Vorfahren in Notzeiten sichern half, ist auf Dauer nicht gut. Wissenschaftliche Studien lassen keinen Zweifel daran, dass Tierprotein und -fett unsere Lebenserwartung verkürzen und vor allem die Lebensqualität dramatisch verringern, indem sie Gefäße und Herz schädigen und nicht nur Krebs, sondern auch alle möglichen anderen Zivilisationssymptome fördern.

VEGANE NAHRUNG ALS GESUNDMACHER

Persönlich vollzog ich den Wechsel von vegetarischer auf reine Pflanzenkost aus humanitären, ökologischen und tierethischen Gründen und erwartete mir in gesundheitlicher Hinsicht keine weitere Verbesserung. Umso erstaunter und erfreuter war ich, als die Steifigkeit nach längeren Sitzmeditationen aus meinen Gelenken verschwand, die Meditationen tiefer, ruhiger und friedlicher wurden, meine Sensibilität zunahm und sich mein Verhältnis zu Tieren intensivierte und vertiefte. Ähnliches und vor allem auch Besserungen chronischer Beschwerden habe ich inzwischen aus vielen Rückmeldungen erfahren. Pflanzliche Kost ist eine Art Lebenselixier und hilft unserem Organismus – ähnlich wie Fasten –, wieder zu sich und in seine Kraft und Energie zu finden. Auf Dauer kann sie den Darm sanieren und damit eine große Gefahr bannen. Die Schädigung der Darmschleimhaut wird inzwischen auch von Schulmedizinern als Ursache nicht nur von Darmkrebs, sondern obendrein von Lungen- und Leberkrebs gesehen, da dadurch aufgenommene Giftpartikel, einmal eingedrungen, ihr Unwesen überall im Körperland treiben.
Der bekannte US-Herzspezialist Caldwell Esselstyn konnte mit Röntgenbildern dokumentieren, wie sich unter reiner Pflanzenkost schon verschlossene Herzkranzgefäße wieder öffneten – eine Studie, die Ex-Präsident Bill Clinton zum bekennenden Veganer machte. Prof. Colin Campbell, Biochemiker und Vater der China-Study[4], erlebte, wie Krebs unter Pflanzenkost zurückging und mit Tierprotein wieder zunahm, die Ernährung also geradezu zum An- und Abschalten von Krebs dienen konnte.
Und ich durfte nun schon öfter bezeugen, wie hohe PSA-Werte, die als Tumormarker für Prostatakrebs entsprechende Operationen nahelegten, unter Pflanzenkost zur Norm zurückkehrten und so Impotenz verursachende Operationen überflüssig machten.

WICHTIG: VEGAN UND VOLLWERTIG

Als weiteren Schritt in Richtung lebenserhaltender und -verbessernder Ernährung halte ich Vollwertigkeit für zwingend, denn pflanzlich allein bedeutet noch keineswegs gesund. Eine Kost aus raffiniertem Weißmehl, Zucker und Schnaps ist zwar vegan, aber nicht gesund. Auch bei der Fleisch-Aufwertung ist Vorsicht geboten, denn Soja ist nicht immer für alle gesund (siehe dazu auch Kasten Seite 19). Selbst beim Wein muss man auf vegane Qualität achten, denn normaler Wein – auch Bio-Wein – wird meist durch Gelatine filtriert, die aus Tierhäuten und

-knochen gewonnen wird. Zum Glück ist Vollwertigkeit heute in den deutschsprachigen Ländern relativ leicht zu sichern. Auch hier gibt es allerdings qualitative Abstufungen. Philosophisch inspirierten Produzenten wie anthroposophischen Demeter-Bauern ist leicht zu trauen, da sie kaum ihr Karma durch Betrug gefährden werden.
Tierprodukte aus Bio-Haltung bieten keinen Ausweg, die Zustände in der Bio-Tierzucht spotten – laut Untersuchung der Zeitung Standard – großenteils jeder Beschreibung. Außerdem werden auch Bio-Kälber und -Schweine nicht zu Tode gestreichelt, sondern landen meist im Großschlachthof, wo sie das Sterben ihrer Art- und Leidensgenossen mitansehen müssen. So wird ihr Fleisch ebenfalls maximal mit Angst- und Stresshormonen angereichert, die anschließend bei den Essern landen. Im Gegensatz dazu stellt die Bio-Produktion pflanzlicher Lebensmittel einen großen Fortschritt im Hinblick auf Qualität dar.
Ein weiterer Schritt zu gesunder Ernährung ist die Beachtung der thermischen Qualität der Lebensmittel. Heiße Typen brauchen eher kühlende Nahrung und coole Typen eher wärmende Speisen. Dieses der chinesischen Medizin nachempfundene System ist ausführlich in meinem Buch „Richtig essen“[5] beschrieben.

Pflanzliche Ernährung ist die Lösung für die weltweiten Umweltprobleme ebenso wie für viele Zivilisationskrankheiten.

Fasten als Einstieg in den Umstieg

Bei Problemen wie Störung der Darmflora (Dysbiose), Unverträglichkeit von Lebensmitteln und Übersäuerung empfiehlt sich ein geradezu ritueller Einstieg in den Umstieg. Mit Rohkost, wie einem bewusst genossenen Apfel oder einer Birne, lässt sich das alte Essensregime beenden und eine Fastenwoche beginnen. Der Aufbau danach wird dann mit sehr einfachen pflanzlichen Gerichten gelingen. Selbst bei Unverträglichkeiten gegen Fruktose und Gluten ergeben sich gute Heilungschancen, wenn man in den Aufbauwochen nur sehr wenige einfache pflanzliche Lebensmittel genießt und Vermischung von allem mit jedem meidet. Auch hier wird „Weniger ist mehr“ zum Erfolgsgeheimnis. Wenn man nach einigen Wochen dann eine einzige Frucht- oder Getreideart, auf die man unverträglich reagierte, versuchsweise in kleiner Menge sehr gut kaut, nimmt der Organismus sie oft wieder an und verdaut sie ordnungsgemäß. Die Rückkehr zum Einfachen und zu sehr gutem Kauen kann hier im Verbund mit Vollwertigkeit Wunder wirken.

Das Geheimnis guten Kauens

Viele Menschen schwören zu Recht auf die Mayr- oder Milch-Semmel-Kur. Natürlich sind weder die verwendeten Weißmehl-Brötchen noch die Milch gesund – ganz im Gegenteil. Gefühlsmäßig bin ich sicher, dass F. X. Mayr, der österreichische Begründer dieser Kur, heute Vollwertsemmeln und zum Einspeicheln Wasser oder Saft wählen würde. Das Positive an dieser Kur ist das unendlich lange bewusste Kauen. Wer einmal „gemayrt" hat, ist davon in der Regel überzeugt und verbessert auf so einfache Weise seine Lebensqualität. Auch der US-amerikanische Arzt Horace Fletcher hat dieses Geheimnis entdeckt und löste eine amerikanische Kauwelle aus, die auf „Fletcherizing" – gutes Kauen – schwor. Randolph Stone, der Begründer von Polarity (einer ganzheitlichen Therapiemethode) und darüber hinaus ein großer Arzt und Menschenfreund, empfahl bereits eine pflanzenbasierte Ernährung und wies darauf hin, wie wenig unser Organismus imstande sei, Stärke zu verdauen, die im Mund nicht gut eingespeichelt wurde. Stärke und überhaupt Kohlenhydrate sind aber ein entscheidender Faktor bei Pflanzenkost.

GUT GEKAUT IST BEKÖMMLICHER

Eigentlich wissen wir, dass es optimal wäre, alles flüssig zu kauen, weil es so bekömmlicher wird und die Kohlenhydratverdauung schon im Mund in Gang setzt. Bei pflanzlicher Nahrung ist das noch wichtiger, da sie besser aufgeschlossen werden muss, um alle Nährstoffe freizusetzen. Außerdem eignet sich vollwertig pflanzliches Essen ungleich besser zu gutem Kauen, da es auch auf Dauer im Mund die Geschmacksknospen verwöhnt, wohingegen Fleischnahrung dabei immer geschmackloser und faseriger wird. Brot wird sogar noch im Mund süß, weil dabei Glukose, natürlicher Zucker, frei wird. Kuhmilch ist niemals Getränk, sondern immer Nahrung, die verschleimt, das Gewebe verstopft und so dessen Offenheit und freie Durchlässigkeit behindert. Wer sich von Milchprodukten löst, wird das sehr rasch befreiend und (er-)lösend erfahren. Bei ihnen hilft auch Kauen nicht.

Ein weiterer Vorteil ist, dass flüssig gekauten Speisen das ausgedehnte Magensäurebad erspart wird, das Eiweiß ähnlich denaturiert wie Kochen. Flüssiger Speisebrei, wie er aus gut gekauter Pflanzenkost entsteht, bekommt fast Saftcharakter und gelangt rasch durch den Magen, sodass er sich viel eher auf der enorm großen Oberfläche des Dünndarms ausbreitet, eine optimale Verdauung fördernd.

Wer also jeden Bissen kaut, bis er flüssig ist, hat viele Vorteile von der besseren Durchmischung mit Verdauungssäften und -enzymen über die optimale Verteilung auf der Dünndarmschleimhaut bis zur Aufschließung aller möglichen Mikronährstoffe. Gutes Kauen war über Jahrmillionen auch eines der Geheimnisse optimaler Versorgung mit dem Wohlfühl- und Glückshormon Serotonin. Heute lässt es sich durch feines Vermahlen mit der Rohkost „Take me – Glücksnahrung"[6] ersetzen. So haben wir das Glück,

ungleich bequemer an dieses Glückshormon heranzukommen.
Gutes Kauen bringt so viel und kostet nichts beziehungsweise nur Zeit. Wer sich diese Zeit zum Essen nicht nimmt, kann weder gesund essen noch verdauen noch leben.

Ist ein Leben auf rein pflanzlicher Basis gefährlich?

In unserer verdrehten Welt werden diejenigen, die bewusst und gesund leben, mit Ängsten und Sorgen derjenigen konfrontiert, denen bisher noch der Mut zu solch substanziellen Schritten fehlte und die lieber weiter Schulmedizin und Lebensmittelindustrie ins bekannte Elend folgen. Sie sind es, die in Wahrheit ihre Gesundheit riskieren – um sich nicht ändern zu müssen. Damit wir diesen Bedenkenträgern besser begegnen können, möchte ich jetzt die häufigsten Fragen zur veganen Ernährung beantworten, obwohl ich mir durchaus bewusst bin, dass wir uns viel mehr um die Allesesser sorgen müssten.
Solch widersinnige Situationen gab es im Übrigen oft in der Medizin. So war es in der Gynäkologie üblich geworden, Neugeborene zur Begrüßung auf vielfältige Weise und ganz sinnlos zu quälen, bis Frederick Leboyer in „Geburt ohne Gewalt“ zu einer mitmenschlich einfühlsamen Begrüßung aufrief. Für seine so naheliegende Verbesserung musste er sich einiges an Kritik gefallen lassen.
Ignaz Semmelweis erkannte in den Ärzten und Medizinstudenten die Überträger des Kindbettfiebers. Aber anstatt ihn dafür zu feiern, hat man ihn diffamiert und beschimpft und gleichsam aus Rache in der Wiener Psychiatrie an Wunden sterben lassen, die mit seiner eigenen Desinfektionsmethode einfach zu behandeln gewesen wären.
Diese Beispiele ließen sich weiter fortsetzen. Sie seien hier nur erwähnt, weil etwas Ähnliches gerade Professor Colin Campbell widerfährt, der mit der China-Study eine wesentliche Tür zur Gesundheit im Ernährungsbereich öffnete. Und Gleiches könnte Ihnen, liebe Leser(innen), blühen, wenn Sie den Schritt zu Peace Food machen und sich dazu bekennen. Die Speerspitze einer neuen Bewegung bekommt allen Widerstand zu spüren, der viel dickere Schaft folgt dann später leicht nach. Als früheste Atomkraftgegner haben wir viel abbekommen, die Mehrheit der Menschen, die es inzwischen auch einsieht, folgt nun bequem und sicher auf gut vorbereitetem Pfad.

WIDERSTAND AUS POLITIK UND WIRTSCHAFT

Was ist dran an diesen Bedenken und Warnungen, und wer oder was steckt dahinter? Zuerst ist an die Einflussnahme der Lebensmittelindustrie zu denken.
Beispiele erlebe ich jetzt genug. Zum Film „Die Milch-Lüge“ des NDR – immerhin ein öffentlich-rechtlicher Sender in Deutschland – war ich lange interviewt worden. Am Ausstrahlungstag fiel der Film ohne Begründung aus. Der Einfluss der Milchlobby reichte offenbar so weit, dass bei der Sendung zwei Wochen später alles Kritische, wie auch mein Peace-Food-Beitrag, nicht mehr vorkam. So viel zu einem eigenartigen Verständnis von Pressefreiheit in einem Land, das auf dieselbe stolz ist. In Österreich wurde ich von einem Landwirtschaftsamt abgemahnt, die Ausdrücke Reismilch, Sojamilch und Mandel-

Frisches Gemüse, möglichst aus eigenem oder regionalem Anbau, sollte ein Hauptbestandteil unseres Speiseplans sein.

milch nicht mehr zu benutzen, da die EU das untersage. Tatsächlich hat es die Milchlobby in Brüssel geschafft, diesen viel gesünderen Alternativen das Wort Milch streitig zu machen. Andererseits ist es aber sogar gut, so wertvolle Lebensmittel wie Mandeln und Reis nicht mehr mit dem Begriff für einen wissenschaftlich als gefährlich und sogar als krebserregend überführten Stoff wie Kuhmilch in Zusammenhang zu bringen. So habe ich mich dem Amt gern gefügt. In der Schweiz subventioniert der Bund die Nahrung am stärksten, die er am wenigsten empfiehlt.

PROBLEME BEI PFLANZENKOST?

Die Frage ist schnell beantwortet: Das Gegenteil ist der Fall. Selbst die Muttermilch vegan lebender Mütter schneidet in einer wissenschaftlichen Untersuchung in allen Kriterien besser ab als die von Allesesserinnen. Eigentlich müsste man stillenden Müttern unbedingt empfehlen, vegan zu leben. Aber noch immer gefallen sich viele Mediziner darin, Ängste zu schüren und eine Ernährung zu empfehlen, die – wissenschaftlich belegt – schädlich ist und die schwerwiegendsten Krankheitsbilder unserer Zeit begünstigt. Wir wissen aus verschiedenen Studien, dass Vegetarier deutlich länger leben und weniger Krebs bekommen und dass Veganer und Vegetarier in Intelligenztests durchschnittlich um 5 bis 7 Punkte besser abschneiden, was an besserer Durchblutung liegen dürfte.

Wichtige Vitamine und Neurotransmitter

Beim immer wieder beschworenen Vitaminmangel ist zuerst festzustellen, dass Pflanzenesser in der Regel eine ungleich bessere Vitaminversorgung haben als Allesesser, lediglich bei Vitamin B12 und D ist Vorsicht geboten, auf Omega-3-Fettsäuren ist zu achten. Ansonsten könnte mit Gewinn auf die Vorstufen der Glückshormone blicken, wer sein Leben leichter und glücklicher führen will.

VITAMIN-D-MANGEL

89 Prozent der deutschen Bevölkerung sollen unter Vitamin-D-Mangel leiden. Angesichts der in Peace Food beschriebenen daraus folgenden Gefahren, die bis zur erhöhten Anfälligkeit für Krebs reichen, ist hier also einiges auszugleichen. Tatsächlich ist Vitamin D nicht nur für die Knochen von großer Wichtigkeit, sondern für so ziemlich alle Organfunktionen. In Monaten mit ausreichender Sonnenbestrahlung und bei einem halbstündigen Sonnenbad des Oberkörpers alle drei Tage ist der Bedarf gesichert. In sonnenarmen Zeiten sollte jeder Mensch den Mangel ausgleichen. Leider steht die Sonne in Deutschland zur Herbst- und Winterzeit so flach über dem Horizont, dass sie kaum Wirkung entfaltet. Unter den Pflanzen enthalten Pilze, und hier besonders Steinpilze, viel Vitamin D, das sie – ähnlich wie unsere Haut – bei Sonnenbestrahlung bilden können. Allerdings ist es für Veganer schwierig, in sonnenarmer Zeit genug Vitamin D nur über die Nahrung zu bekommen. Das zur Einnahme – in meinen Augen – günstigste Vitamin D wird auf Hefepilzen gezüchtet, die von Natur aus zwar viele B-Vitamine und kein Vitamin D enthalten, aber eben die Fähigkeit haben, es mittels Bestrahlung durch UVB-Licht zu bilden. Früher wurde vor Überdosierung gewarnt, inzwischen hat sich gezeigt, dass diese Gefahr weder durch Sonnenbestrahlung noch pflanzliche Zufuhr besteht. „Take me – D“ enthält die empfohlene Tagesdosis auf pflanzlicher Basis.

VITAMIN-B12-MANGEL

Auf Vitamin B12, das so wichtig für die reibungslose Funktion unseres Nervensystems ist, müssen wir das ganze Jahr achten. Aber auch hier ist Entwarnung insofern angebracht, als die Speicher – sind sie einmal gefüllt – für mindestens drei, oft fünf Jahre reichen. Wichtig für die Aufnahme von B12 ist der sogenannte Intrinsic-Faktor des Magens, dessen Produktion mit zunehmendem Alter nachlassen und das Thema verschärfen kann. B12 wird von Bakterien gebildet, die auf Oberflächen von Feld- und anderen Früchten gedeihen und dort auch das Vitamin anreichern. Wer also aus seinem eigenen Bio-Garten lebt und ohne viel Waschen auskommt, ist bereits versorgt. Die meisten Pflanzen enthalten – wenn überhaupt – nur sehr wenig B12 mit Ausnahme etwa der Rotalgen. Auf Reisen nehme ich einen gehäuften Esslöffel des veganen Präparates „Take me – plus", das die notwendige Tagesration von B12 aus Rotalgen enthält und Vitamin D aus Steinpilzen. Es schmeckt (mir) leider nicht, und deshalb mische ich es in Apfelmus oder dergleichen. Geschmacklich weniger Empfindliche können es auch in Saft oder einige sogar in Wasser trinken. Es enthält daneben noch die Grundstoffe wichtiger Neurotransmitter und Glückshormone wie Dopamin und ist insofern mehr als ein Vitamin-Spender. Es stellt die ideale Ergänzung zu „Take me – Glücksnahrung" dar, das auf einfache Weise die Serotonin-Speicher auffüllt – wichtig in modernen stressreichen Zeiten.

Die meisten B12-Kapseln wie auch die Empfehlungen veganer Gesellschaften enthalten noch viele andere Vitamine und alle in sehr hohen Dosen, dabei sind Vegetarier und Veganer mit denen meist bestens versorgt. Persönlich halte ich nichts von überschießender Vitamineinnahme, schon gar nicht aus industriellen Quellen. Dazu kommt: Wenn man Vitamin B12 einnimmt, handelt es sich fast immer um sogenanntes Cyanocobalamin, das erst noch mittels Intrinsic-Faktor des Magens aufgeschlossen werden muss, der leider mit zunehmendem Alter schwächelt. Der Körper braucht die Umwandlungsphase Methylcobalamin, die in den veganen „Take me – B12"-Kapseln enthalten ist. Das halte ich für einen geschickten Weg – eine kleine Kapsel reicht pro Tag.

DAS OPTIMALE VERHÄLTNIS VON OMEGA-3 ZU OMEGA-6

Die beste Möglichkeit, an pflanzliches Omega-3 zu kommen, ist Meeresalgenöl. Wobei die Algen besser gar nicht aus dem Meer stammen, das durch radioaktive und andere Verseuchungen zu Recht ins Gerede gekommen ist, sondern in Röhrensystemen unter Ausschluss von Umweltgiften gezüchtet und anschließend gepresst werden. Dieses in vegane Kapseln gefüllte Öl enthält Omega-3[7] konzentrierter und besser aufnehmbar als Leinöl, die andere pflanzliche Alternative. So wird hier der Umweg über die Fische eingespart, denn diese bekommen ihr Omega-3 auch nur aus

Meeresalgen sind die beste Quelle für die lebenswichtigen Omega-3-Fettsäuren.

Algen. Wir sollten insgesamt nicht mehr als doppelt soviel Omega-6 wie Omega-3 zu uns nehmen; ein Verhältnis von 1:2 ist hier optimal. Omega-6 ist in Getreide und Nüssen, Omega-3 in Leinsamen und „Grünzeug" enthalten.

GLÜCKSHORMONE

Nicht nur mir sind die beiden erwähnten veganen, vollwertigen Nahrungsergänzungen zur Selbstverständlichkeit geworden: die erste, um den Serotonin-Spiegel und letztere, um die Grundstoffe anderer wichtiger Neurotransmitter wie Dopamin und GABA (Gamma Aminobutyric Acid/ Gamma-Aminobuttersäure) sicherzustellen. Die Hintergründe und die Chancen, wenn man sich mit der biochemischen Basis von Glücksgefühlen reichlich versorgt, sind in „Peace Food" dargestellt und werden ergänzt durch die Möglichkeit, sich während einer möglichst langen nächtlichen Fastenzeit von mindestens 12 Stunden mit genug Wachstumshormon (HGH) zu versorgen. So ergibt sich eine wundervolle Chance, sein Leben glücklicher zu gestalten, indem wir geschickt auf der Klaviatur unserer Neurotransmitter und Hormone spielen.

EISENMANGEL UND NORMALWERTE

Seit 40 Jahren erlebe ich an mir selbst, dass wir bei vegetarischer Ernährung ausreichend Eisen zu uns nehmen. Aber auch bei rein pflanzlicher Lebensweise verfügen wir über ausreichend Vitalität, wie mir meine letzten vier Jahre zeigen. Eisen ist vom Urprinzip dem Aggressions- oder Marsprinzip zugeordnet und wird dem als rotes Metall auch äußerlich gut gerecht. In grünen und natürlich besonders roten Pflanzen ist es enthalten, wenn auch der Spinat hier bekanntlich überbewertet wird. Eisenmangel kann aber trotz reichlicher Versorgung vorkommen und ist dann von der inhaltlichen seelischen Ebene aus anzugehen wie im Taschenbuch „Herz(ens)probleme" dargestellt: Wer seinen Herzensangelegenheiten Beachtung schenkt, wer sein Herz öffnet und bewusst mit einer sonnigen, freudigen Haltung durchs Leben geht, dessen Herz wird gesund bleiben. Grundsätzlich ist bei alldem wichtig, sich klarzumachen, dass Peace Food nicht meint, sich aller Aggressionsenergie zu enthalten und besonders friedlich aufzutreten. Peace Food fördert biochemisch und philosophisch

Spinat zählt wie alle dunkelgrünen Gemüse zu den wichtigen pflanzlichen Eisenlieferanten.

liebevolle, friedliche Empfindungen und tiefe Meditationen, ist aber keinesfalls Ausrede für Feigheit und Drückebergerei. Das Aggressions- oder Marsprinzip ist eines der zwölf Lebensprinzipien und gehört zu unserem Leben wie das Venusprinzip, bei dem es um Liebe und Versöhnung, Schönheit und Frieden und – in unserem Zusammenhang – um guten Geschmack geht. Die heißen Eisen im eigenen Leben anzupacken, sich einzusetzen für eigene Belange und wichtige Themen, Herausforderungen aufzugreifen und das Leben mit Mut und Courage in Angriff zu nehmen, sind wundervolle Möglichkeiten, dem Aggressionsprinzip gerecht zu werden. Je besser das gelingt, desto besser kann der Organismus jene für ein vitales Leben notwendigen roten Eisenatome aufnehmen.
Im Übrigen sollten nach Aussagen von Prof. Dr. med. Claus Leitzmann, dem in dieser Hinsicht führenden deutschen Ernährungswissenschaftler von der Universität Gießen, der selbst schon seit Jahrzehnten vegetarisch lebt, Pflanzenesser gar nicht versuchen, die an Allesessern erhobenen deutlich zu hohen Eisenwerte zu erreichen. Ein so hoher Eisenspiegel schadet nach seinen Erfahrungen mehr, als er nützt.
Ähnliches kann ich aus eigener Erfahrung im Hinblick auf Cholesterin sagen. Die von der Schulmedizin behaupteten Normwerte sind viel zu hoch. Ursprünglich stiegen sie mit dem Fortschritt meines Studiums. Inzwischen hat man sie wie die Blutdruckwerte wieder nach unten korrigiert, aber sie bleiben zu hoch. Der empfohlene Cholesterin-Normalwert von bis 200 mg/dl liegt immer noch deutlich über allem, was für ein gesundes Leben spricht. Erst unter 150 ergibt sich – statistisch gesehen – beeindruckender Schutz vor Gefäß- und Herzproblemen, und solche Werte fallen uns über rein pflanzliche Ernährung ganz von selbst zu.
Entscheidend ist die Lebensqualität, vor allem wenn man bedenkt, wie willkürlich die erst 1843 in die Medizin eingeführten Normwerte sind. Erhoben werden sie in der Regel an 1,80 Meter großen Männern mit 80 Kilogramm Gewicht, also großen, deutlich zu dicken Männern, denen die meisten meiner Leser(innen) kaum entsprechen. Deren Werte sollten Sie also auch nicht anstreben.

WUNDERVOLLE VITAMIN-VERMEHRUNG: SPROSSEN STATT KÖRNER

Die einfachste Methode, den Vitaminreichtum von Lebensmitteln zu steigern, ist, Samen und Körner sprossen zu lassen und damit das Wunder des keimenden Lebens zu nutzen. Schon Altmeister Randolph Stone wusste: „Durch Keimen kommt der Lebensprozess so richtig in Gang …, dabei findet eine enorme Vermehrung von Vitaminen, Enzymen und Mineralstoffen statt.“ Sojabohnen enthalten zum Beispiel so gut wie kein Vitamin C, aber nach drei Tagen des Keimens haben sie sehr viel davon entwickelt. Danach nimmt es durch den Verbrauch der wachsenden Pflanze wieder ab. Keimen wird damit zur effizientesten Vermehrung gesunder Nahrung – vorausgesetzt, man verwendet dabei sauberes Wasser.

GEFAHR EINES EIWEISSMANGELS?

Pflanzenköstler bekommen genug Eiweiß, wenn sie auf Ausgewogenheit achten. Wobei hier Ähnliches gilt wie beim Eisen: Wir sollten nicht die Werte von Fleischessern anstreben, die es als Norm-Modell des modernen Zivilisationsopfers in die Statistiken geschafft haben – zur Freude der Fleischindustrie. Ich kenne persönlich viele Menschen, die weitestgehend von Früchten und Gemüse leben, also sehr eiweißarm, und die eine beneidenswerte Ausstrahlung ohne Mangel- oder gar Schwächezeichen haben. Da Getreide Eiweiße enthalten, ergeben sich hier gute Quellen.

Wir können zum guten alten Hirsebrei des Märchens zurückkehren oder wie die Inder auf Dal, Linsenbrei, setzen. Hülsenfrüchte enthalten allgemein viel Eiweiß, wie auch Lupinen. Hier ist besonders an die blaue Süßlupine zu denken, die auf schlechten Böden wächst und diese dabei sogar noch bereichert. Mit Lupinenprotein können tierische Fette und Eiweiße in allen denkbaren Produkten durch hochwertiges pflanzliches Eiweiß ersetzt werden – von Speiseeis über Würstchen bis zu Schnitzel und Steak (siehe dazu auch Rezepte Seite 113 und 131). Hier dürfte eine Eiweißquelle der Zukunft liegen. Fleischaufwertung – etwa auf Sojabasis – ist natürlich ebenfalls eine Eiweißquelle, wie auch Seitan, das Klebereiweiß von Getreide, das sogenannte Gluten.

Insgesamt lässt sich die Eiweißversorgung weiter verbessern, wenn wir den Anteil an bei uns gebräuchlichen Getreiden verringern und stattdessen auf Hirse, Quinoa und Amarant setzen. Beide lateinamerikanischen Scheingetreide verfügen über eine besonders günstige Eiweißmischung für menschliche Bedürfnisse.

Persönlich empfehle ich vor allem die Süßlupine, aber auch Hirse, Soja vor allem für Frauen und Seitan aus Dinkel.

Die Soja-Frage

Sojaprodukte als Fleischaufwertung kennen viele Anhänger, aber auch kritische Stimmen. Deshalb hier noch einige wichtige Hinweise.

Soja ist nur diskutabel, wenn es nicht von genmanipulierten, in Lateinamerika zu einer wahren Landplage gewordenen Pflanzen stammt. Es sollte immer aus biologischem Anbau stammen. In der Schweiz ist gar kein anderes zugelassen.

Dass es den Östrogenspiegel hebt, ist bekannt und wird von Frauen gern genutzt, um Wechseljahresbeschwerden im Rahmen zu halten, die in Asien wohl auch wegen des dort üblichen Sojakonsums kaum eine Rolle spielen. Des einen Freud ist aber des anderen Leid. Männer sollten zurückhaltend damit umgehen und nicht zu viel davon zu sich nehmen. Jungen mit Soja- statt mit Kuhmilch aufzuziehen, kann zu abenteuerlichen Östrogenspiegel-Anstiegen führen und sollte vermieden werden. Zweimal Tofu pro Woche ist dagegen kein Problem. Fermentiertes Soja ist insgesamt bekömmlicher.

Wo aber Tofu einen wesentlichen Bestandteil des Speiseplans bildet, droht Männern ein Verweiblichen des Körpers mit runden Hüften, weichen Gesichtszügen und abnehmender Durchsetzungsfähigkeit. Ein Seminarteilnehmer, der diesen Weg einschlug, gewöhnte sich mit der Zeit an seinen leichten Blähbauch und rundliche Hüften. Als ich ihn auf den Zusammenhang hinwies und er sich neuerlich umstellte, gewann er rasch wieder männlichere Konturen. Seelisch wurde er durch seinen Ausstieg aus der Sojamast kämpferischer und durchsetzungsfähiger.

Welches Eiweiß brauchen wir wirklich und wie dringlich?

Tierprotein macht zwar satt, aber eben auch träge, pflanzliches Protein fordert den Körper zu mehr Eigenaktivität heraus, es muss stärker umgebaut und angepasst werden und fördert damit insgesamt die Aktivität und das Abnehmen. Die schulmedizinische Vorstellung, dem menschlichen ähnliches Eiweiß wie das vom Schwein sei besonders hochwertig, halte ich für völlig absurd und typisch für die Fehleranfälligkeit dieser Medizin. Es geht nicht darum, dem Körper die Arbeit abzunehmen und ihn zu schonen, sondern ihn zu fordern und zu fördern. Muskeln, aber auch Hirn und alle anderen Körpersysteme wollen benutzt und herausgefordert werden. Nur dann wachsen sie und werden leistungsfähiger. Die Angelsachsen bringen das mit dem Spruch „Use it or loose it" auf den Punkt. Das gilt natürlich auch für Darm und Stoffwechsel. Keine Ernährung fordert unser System so positiv wie vollwertig-pflanzliche, da hier der Organismus wirklich aktiv werden muss. Hirse und Lupinen, Erbsen, Bohnen und Linsen enthalten also wertvolles pflanzliches und damit bestes Eiweiß, das der Organismus unter einem gewissen Aufwand, der ihm ausgesprochen gut tut, in eigenes verwandelt.

Antioxidantien und andere Hilfen

Antioxidantien, deren Wichtigkeit in den letzten Jahrzehnten von der Wissenschaft erkannt wurde, fangen im Organismus freie Radikale ab. Sie neutralisieren sie, indem sie ihnen Elektronen abgeben. Freie Radikale sind durch Stress und andere Belastungen entstandene, im Gewebe herumirrende Molekülfragmente, die den Boden bereiten für viele gesundheitliche Probleme von Krebs bis vorzeitigem Altern. Freie Radikale aufzufangen ist enorm wichtig für die Gesundheit.

Pflanzliche Ernährung ist ungleich reicher an Antioxidantien – einer der Gründe, warum sie so viel gesünder und vitalisierender wirkt. Es ist also nicht nur der Wegfall an Bedrohungen durch die schädigenden Eigenschaften von Fleisch, Fisch, Eiern und Milchprodukten, es kommt auch die bunte Vielfalt an Schutzsubstanzen hinzu, die uns reine Pflanzenkost gleichsam nebenbei schenkt. Der Überfluss an Vitaminen und Antioxidantien erklärt einige der Vorteile, die Pflanzenkost bietet.

Pflanzenköstler müssen sich trotzdem wie erwähnt ständig bezüglich Gesundheitsgefahren rechtfertigen, wo sie doch normalerweise so viel gesünder und vitaler ernährt sind. Wo sie weniger vital wirken, mag das daher kommen, dass sie wegen Gesundheitsproblemen mit dieser Ernährung begonnen haben oder Fanatiker geworden sind. Fanatismus, auch im Hinblick auf gesunde Ernährung, schadet aber: der eigenen Psyche ebenso wie der Sache, für die man kämpft. Ein Fanatiker schreckt andere ab, anstatt sie zu gewinnen.

Auch wenn pflanzliche Kost die gesündeste bekannte Nahrung ist, müssen nicht alle Veganer gesund aussehende Sympathieträger sein. Natürlich zieht eine gesunde Ernährung besonders auch Kranke an. Aber das Wundervolle ist, wie viele ursprünglich Kranke ich damit habe gesunden sehen. All die Rheumatiker, die durch Fasten, Ernährungsumstellung und Konfrontation

Früchte und Gemüse – eine kleine Auswahl heilender Pflanzen aus Gottes Apotheke

Äpfel	schützen das Herz, fördern die Atmung, stoppen Durchfall (gerieben) und bessern Verstopfung (roh verzehrt oder als Saft)
Aprikosen	sind gut für die Augen, regulieren den Blutdruck, sollen gegen Alzheimer und Krebs (besonders der weiche Kern in ihrem Kern) helfen
Artischocken	schützen das Herz, stabilisieren den Blutzucker, fördern die Verdauung, senken Cholesterin
Avocados	wirken Diabetes entgegen, regulieren den Blutdruck, senken Cholesterin
Bananen	schützen das Herz, regulieren den Blutdruck, mildern Husten, stärken die Knochen
Blumenkohl	soll gegen Brust- und Prostatakrebs helfen, stärkt die Knochen
Brokkoli	werden Fähigkeiten im Kampf gegen Krebs und bei Herzproblemen zugeschrieben, schützt die Knochen, erhält die Sehfähigkeit
Erdbeeren	helfen gegen Krebs, schützen das Herz, unterstützen das Gedächtnis
Feigen	stehen im Ruf, bei Krebs zu nützen und Gewichtsabnahme zu fördern
Grapefruit	kann vor Herzattacken und Schlaganfällen bewahren, vor Prostatakrebs schützen, bei Gewichtsabnahme helfen
Heidelbeeren	helfen bei Krebs, verbessern das Gedächtnis, schützen das Herz, stabilisieren den Blutzucker
Karotten	sind gut bei Augenproblemen und obendrein gegen Krebs, Herzschwäche und Verstopfung
Kirschen	sollen vor Krebs, Herzproblemen und vorzeitigem Altern bewahren sowie bei Schlaflosigkeit unterstützen
Kohl	ist ein Verbündeter gegen Krebs, Herzschwäche und Verstopfung, hilft aber auch bei sexueller Übererregung und fördert Gewichtsabnahme
Oliven und Olivenöl	helfen gegen Krebs, bei Gewichtsabnahme und gegen Diabetes und schützen das Herz
Pfirsiche	unterstützen im Kampf gegen Prostatakrebs und Herzprobleme, helfen bei der Gewichtsabnahme
Pflaumen	sind gut gegen Verstopfung, vorzeitiges Altern und Gedächtnisverlust
Rote Bete	schützen Herz und Knochen, regulieren den Blutdruck, helfen bei Krebs
Grüner, roter und weißer Tee	fördern Gewichtsabnahme, hemmen Krebs und schützen vor Herzattacken und Schlaganfällen
Tomaten	helfen gegen Krebs, unterstützen Herz und Prostata und gelten als gute Waffe gegen vorzeitiges Altern
Walnüsse	helfen bei Krebs, fördern das Gedächtnis und heben die Stimmung
Weintrauben	unterstützen den Blutfluss und die Abwehr von Krebs, sie schützen das Augenlicht, bewahren vor Nierensteinen
Zitrusfrüchte	wie Orangen und Zitronen unterstützen das Immunsystem und den Kampf gegen Krebs, schützen das Herz. Zitronen sind gut für die Haut

ihres Bewegungsthemas ihre Beschwerden loswurden, bleiben spätestens dann bei Pflanzenkost, wenn sie erlebt haben, wie jeder Rückfall in der Ernährung auch zu einem solchen in ihr altes Krankheitsbild führt. Ähnliches gilt für Typ-2-Diabetiker und Übergewichtige. Der Zusammenhang beider Krankheitsbilder mit tierprotein-reicher Fehlernährung ist eklatant. Allergikern, die nach Aufgabe von Milch(produkten) und ihrer Auseinander-setzung mit dem Lebensprinzip der Aggres-sion gesundet sind, ergeht es ähnlich. Leider ist es ausgerechnet bei schwerwiegendsten Bedrohungen wie Herzproblemen und Krebs schwieriger. Zum einen dauert es länger, bis sich Symptome bemerkbar machen, und zum anderen ist es dann oft schon ziemlich spät und nicht selten fünf vor zwölf. Aber selbst bei extrem fortgeschrittenen Bedrohungs-szenarien gelingt es manchmal noch, durch die Kombination von Ernährungsumstellung und Psychotherapie das Blatt zu wenden. Einfache und köstliche Rezepte helfen gegenzusteuern. Herzpatienten sollten dabei noch Öle weglassen.

Die alte Welt neu entdecken

Pflanzliche Kost ist uralt und – nun auch wissenschaftlich belegt – die gesündeste Ernährungsform. Damit haben unsere Ur-ahnen begonnen, und sie waren natürlich, weil sie das Feuer noch nicht beherrschten, Pflanzen- und Rohköstler. Diese Ernährung brauchen wir nicht neu zu erfinden, wir kön-nen uns getrost auf unsere Ahnen verlassen. Der große Ahnherr der Ärzte, Paracelsus, wusste das noch, wenn er sagte: „Von Zeit zu Zeit muss sich der Arzt an alte Frauen und Zigeuner, an Magier und Wanderer wenden, an Zufallsbekanntschaften und Bauersleut und von diesen Menschen lernen, denn sie wissen mehr über diese Dinge als alle Universitäten zusammen." Die Erfahrungen der Vorfahren haben sich vielfach in der Volksheilkunde erhalten. Wir tun gut daran, sie für uns neu zu entdecken.
Die Ahnen ahnten wohl auch schon, dass „das Ganze mehr ist als die Summe seiner Teile", was uns viel später Professor Werner Kollath, früher Befürworter der pflanzlichen Vollwerternährung, wieder in Erinnerung rief. Unsere Urahnen hatten noch den Vor-teil, dass sie darauf angewiesen waren, ganze Pflanzen zu verwenden. Studien zeigen heute, dass Gaben von konzentriertem Vita-min E mehr schaden als nützen. Auf der gan-zen Pflanze, dieser göttlichen Komposition, liegt Sein Segen, und hier offenbart sich eine weitere, noch immer zu gering geschätzte Chance vollwertiger Pflanzenkost.

Was tun, wenn es unterwegs nichts Gutes gibt?

Diese Situation ist zum Glück gar nicht so häufig. Bessere Lokale bieten inzwischen auch vegetarische Gerichte an, und daraus lässt sich meist ein schmackhaftes rein pflanzliches basteln. Wenn es aber gar nichts Gutes oder wenigstens Vertretbares gibt, ist nichts ungleich besser als Schlechtes oder Schädliches. Hier lässt sich von anderen Ebenen lernen. Wer würde schon einen schlechten Film anschauen, nur weil es keinen guten gibt, wer einen unangenehmen Menschen heiraten, nur weil er keinen bes-seren findet. Verzicht auf Ungenießbares ist immer ein Gewinn. Es gibt außer der lieben

Gewohnheit keinen Zwang, dreimal am Tag zu essen. Die Frage, ob diese Gewohnheit wirklich eine liebe ist, muss angesichts der großen Zahl von Übergewichtigen weltweit sowieso neu bedacht werden. Gewohnheiten sind auch in anderer Hinsicht gefährlich und führen nicht selten ins Verhängnis. Die Ess-Routine von dreimal täglich entstand in Zeiten schwerer körperlicher Arbeit und ist heute für die meisten nicht mehr angemessen. Zweimal täglich warm ist in Anbetracht der Vorteile von Rohkost Unfug. Eher gilt: So selten warm wie möglich und nur so oft wie notwendig. Persönlich hat sich bei mir bewährt, lieber nichts als Schlechtes, aber gern Gutes. So habe ich auf Tour immer Mandeln, Nüsse und vollwertig vegane Black-Bear-Riegel[8] dabei und Grünzeug gibt es überall.

Gourmets, oder: Wie fein darf der Geschmackssinn sein?

Immer mehr Menschen rechnen sich zu den Feinschmeckern. Gourmet-Restaurants haben Konjunktur. In unserem Zentrum TamanGa bei Gamlitz an der südsteirischen Weinstraße lebend, sind wir von Weinkennern und -genießern umgeben. Spezialisten können aus dem Wein die Hanglage schmecken und die Sonnenstunden, die der edle Tropfen genossen hat. Noch minimale Feinheiten erspüren sie aus dem Bouquet, ein bisschen Pfirsich und ein paar Walderdbeeren. Die Winzer pflanzen hier noch ein Apfelbäumchen und da noch ein paar Rosen zwischen die Reben, der „Blume“ des späteren Weines zuliebe. Nicht wenige spielen dem werdenden Wein Musik und besonders gern Mozart vor, damit die Schwingung stimme. Das finde ich sehr beeindruckend. Allerdings bin ich dann erstaunt und betroffen, wenn solche Geschmacksvirtuosen zu ihren edlen Tropfen Schweinemedaillons essen, von Schweinen, die nie die Sonne gesehen oder den Wind gespürt haben, sondern die fünf Monate ihres entsetzlichen Lebens gezwungen waren, im eigenen Kot zu vegetieren, um dann unter schrecklichsten Bedingungen und maximaler Todespanik geschlachtet zu werden. Schmecken diese

Durch viel Rohkost auf unserem täglichen Speiseplan nehmen wir die maximale Menge an Vitalstoffen wie Antioxidantien zu uns.

Feinschmecker nicht den Wahnsinn, dem ein Viertel der Tiere während ihres kurzen, qualvollen Lebens verfallen, und die Lethargie und Apathie, die die übrigen ereilen? Schmecken sie nicht die Qual, die Verzweiflung und Hoffnungslosigkeit in diesem Folterfleisch? Ich frage mich, wie abgestumpft ein Mensch sein muss, um dieses Elend nicht wahrzunehmen.

Wir sollten alle Fein-Schmecker werden und diese Fähigkeit auf alles Essen und alle Getränke übertragen.

Mein Traum wären natürlich im ganzen Land und in allen Ländern Peace-Food-Restaurants, die vollwertiges pflanzliches Essen und Frieden verbreiten. Das will der Restaurantführer auf www.peacefood.org fördern. Den Übergang dorthin könnten Lokale erleichtern, die zumindest einige Gerichte für uns, die bewusste Minder- und hoffentlich bald Mehrheit, bieten. Der Apfel mit dem Herz signalisiert: Hier schlägt das Herz des Kochs für Pflanzenkost.

Lebenselixier Wasser

Wasser ist aller Getränke Basis und sicherlich unser wichtigstes Lebensmittel, aber leider in seiner Bedeutung für die Gesundheit noch immer unterschätzt. In TamanGa genießen wir das Glück eigener Brunnen mit ausgezeichnetem Wasser. Trotzdem unterziehen wir unser Wasser noch einer Elektrolyse, um es in verschiedenen Abstufungen basischer zu bekommen, und informieren es über spezielle Methoden mit Schwingungen besonderer Heilquellen. Elektronenreiches basisches Wasser ist eine Art Lebenselixier, das allein schon verblüffende Heilkraft entfaltet und ähnlich wie Pflanzennahrung durch Abgabe von Elektronen freie Radikale entschärft. Wir sollten täglich zwei Liter guten Wassers trinken, wobei pflanzliche Nahrung natürlich schon die wasserreichste Kost überhaupt ist. In TamanGa hat sich die Wasseraufbereitung von Aquion[9] am besten bewährt.

Das Wasser der Früchte und Gemüsepflanzen ist Saft. Frisch gepresst ist er immer von ungleich höherer Qualität als konserviert, weil er so am meisten Vitamine und Antioxidantien enthält und mit Abstand am

Gutes, sauberes Wasser ist das wertvollste Getränk, das wir unserem Körper reichlich zuführen sollten.

besten schmeckt. Trotzdem stellen zum Beispiel milchsauer vergorene Gemüsesäfte, etwa beim Fasten, eine gute Hilfe dar. In TamanGa bevorzugen wir hier frisch zubereitete grüne Smoothies.

Übersäuerung

Diese Volksseuche ist Ausdruck unseres weit in den archetypisch männlichen Pol verschobenen Lebens. Nicht nur unsere Körper, sondern auch der von Mutter Erde leidet – unter saurem Regen. Das männliche Prinzip wird in Säuren deutlich, die andere Flüssigkeiten durch die Abgabe von H+-Teilchen, sogenannten Wasserstoff-Ionen, attackieren. Basen zeichnen sich dadurch aus, dass sie H+-Ionen einfangen und aufnehmen. Nun hält unser Organismus das Blut so lange wie möglich im Gleichgewicht, da sonst Koma und Tod drohen. In den anderen größeren Flüssigkeitsräumen des Organismus kommt es dagegen zur Übersäuerung. Unser Körper besteht zu Beginn des Lebens zu drei Vierteln aus Wasser, und am Ende, wenn wir nicht nur hinter den Ohren trockener geworden sind, immer noch zu zwei Dritteln. Das sind also bei einem 60 Kilogramm schweren Menschen anfangs 45 und später 40 Kilo, bei 80 Kilogramm Gewicht entsprechend 60 Kilo zu Beginn und immer noch 50 Kilo gegen Ende des Lebens.
Das Blutvolumen macht dagegen nur vier bis fünf Liter beziehungsweise Kilogramm aus. Die anderen, weit ausgedehnteren Flüssigkeitsräume des Organismus wie das innerzelluläre und Zwischenzellwasser werden von der Schulmedizin ignoriert, die auf die Blutuntersuchung fixiert ist. So gibt es noch immer Mediziner, die die Bedeutung der Übersäuerung verkennen, obwohl der deutsche Forscher Prof. Otto Warburg schon vor fast einem Jahrhundert den Nobelpreis für seine Erforschung der Übersäuerung im Hinblick auf die Krebsgefahr erhielt. Die Medizinindustrie hat uns diese wichtige Erkenntnis vergessen lassen zugunsten ihres Interesses an der Herstellung von Chemotherapeutika und Bestrahlungsgeräten.
In den großen Flüssigkeitsbereichen fördern moderne Lebensbedingungen mit Stress, Tiereiweiß-Mast und Süßigkeitenorgien die Übersäuerung. Diese gilt es auszugleichen. Das geschieht am einfachsten und besten mit vollwertiger Pflanzenkost im Sinne von Peace Food, Trinken von reichlich basischem Wasser und einem Leben in der Mitte auf der Basis der Schicksalsgesetze[10].

Schlanker, empfindsamer, fitter und eleganter durch Peace Food

Studien bestätigen unter pflanzlicher Kost zunehmende Bewegungslust. Das mag unter anderem daran liegen, dass wir mit ihr in ein uraltes Muster zurückkehren – in Zeiten, in denen sich unsere Vorfahren ganz selbstverständlich viel bewegen mussten, um Nahrung zu finden. Mehr Bewegung führt zu besserer Atmung, die über das dann ungleich aktivere Zwerchfell und die sich ergebende Darmmassage bessere Verdauung fördert. Darüber hinaus unterstützt Bewegung die Verbrennung, die Nahrung wird besser ausgenutzt und der Grundumsatz steigt auf Dauer, besonders bei Bewegung im sogenannten Sauerstoffgleichgewicht – jener ursprünglichen trottenden Fortbewegung unserer Urahnen. Höherer Grundumsatz ist wiederum Garant höheren Kalorienver-

Grüner Smoothie – Grundrezept

Zutaten

1 reife Banane
1 Kiwi oder ½ Apfel
100 g junger Spinat
Etwa 300 ml Wasser
Etwas Zitronensaft

Banane und Kiwi schälen und in Stücke schneiden. Spinat verlesen und waschen. Alles zusammen mit dem Wasser in einen Mixer füllen und zu einer cremigen Masse pürieren. Bei Bedarf mit Wasser verdünnen. Mit Zitronensaft abschmecken. Möglichst frisch genießen.

Varianten

Dieses Einsteiger-Rezept lässt sich vielfältig variieren: Verwenden Sie zum Süßen auch Früchte wie Äpfel, Birnen, Beeren, Feigen, Orangen oder Exoten. Statt Spinat oder zusätzlich können Sie fast alle Blattgemüse, Salate, Sprossen und Kräuter nehmen: Blattsalate, Feldsalat, Mangold, Kohlrabi, Rote-Bete- und Radieschenblätter, Kresse, Petersilie, Kerbel, Basilikum, ferner Wildkräuter und -gemüse wie Giersch, Vogelmiere, Löwenzahn, Gundermann, zarte junge Buchen- und Birkenblätter – der Fantasie und dem Geschmackserlebnis sind kaum Grenzen gesetzt.

brauchs, der schlankere Körper und Fitness fördert beziehungsweise am besten erhält. Wie sehr Fleisch Trägheit fördert, zeigt sich an Raubtieren nach dem Mahl, das bei ihnen eher ein Schlingen ist. Vollgefressene Löwen oder Tiger sind träge und zu nichts als Schlaf zu gebrauchen. Ihnen ist das behindernde Völlegefühl geradezu anzusehen – wie auch Menschen nach der Fleischmahlzeit. Da wir im Gegensatz zu Raubtieren, die nur über aggressive spitze Reißzähne verfügen, überwiegend defensive Mahlzähne haben, sollten wir Mahlzeit halten und Schlingzeiten meiden.

PFLANZENKOST MACHT WACH

So wird – nach dem Sprichwort „Nach dem Essen sollst du ruhn oder tausend Schritte tun" – der Allesesser nach seiner Schlingzeit eher zu Schlaf, der Pflanzenesser zu Schritten tendieren, was seiner guten Figur entgegenkommt. Der Ballaststoffreichtum von Peace Food sorgt obendrein für rascher einsetzende Sättigungsgefühle, die Hunger bremsen und die Nahrungsaufnahme verringern. Vollwertige Lebensmittel verzögern die Freisetzung der Kalorien, sodass Sättigungsgefühle deutlich länger anhalten. Vollkornbrot schmeckt nicht nur, es enthält auch viel mehr wichtige Spurenelemente und Ballaststoffe und fordert den Organismus mehr, bis es aufgeschlossen ist. Das verbraucht wiederum mehr Kalorien: alles Pluspunkte auf dem Weg zu jener guten Figur, die wir anstreben.

Konzentrierte Energie: grüne Smoothies

Ein besonders einfacher Hit bei der Energiebeschaffung und die ideale Ergänzung vollwertig pflanzlicher Versorgung sind grüne Smoothies, die ruhig auch einmal einen Gelb-, Rot- oder Braunstich haben dürfen. Sie stellen einen verblüffend energetisierenden Cocktail aus dem Besten dar, was Pflanzen bieten. In TamanGa beginnen wir den Tag am liebsten mit ihnen. Wie die ständig steigende Zahl von Smoothie-Fans verschaffen wir uns damit spürbar mehr An- und Auftrieb, bessere Energie und obendrein ein köstliches Geschmackserlebnis. Wir veredeln den Geschmack mit Beeren und Bananen, und so beginnt der Tag mit einem kulinarischen Highlight.

KOHLENHYDRATE VORMITTAGS

Ein zusätzlicher Trick auf dem Weg zur Idealfigur ist die Verteilung vollwertiger Kohlenhydrate über den Tag. Sie werden am besten vormittags beziehungsweise mittags genossen und abends gemieden. Das ist das Geheimnis von Diäten wie „Schlank im Schlaf". Abendliche Kohlenhydrate wirken sich über den Fettstoffwechsel ungünstig auf die Figur aus, weil sie die Fettverbrennung behindern. Wer eine schlanke Figur anstrebt, ist gut beraten, seinen Grundumsatz insgesamt auf hohen Touren zu halten und die Fettverbrennung nicht zu bremsen. Zum Abnehmen ist Peace Food ideal. Der Nährstoffreichtum in Gemüse und Obst erhöht die heute so gefragten „Fatburner"-Eigenschaften und fördert die Gewichtsreduktion zusätzlich. Die Mischung aus „satt" und „energiegeladen" bringt in vielen Lebensbereichen Vorteile, besonders deutlich bei Bewegung und Sport, was diese wiederum fördert. So wird anstatt des üblichen Teufelskreises eher eine Glücksspirale in Gang gesetzt.

Vollwertige pflanzliche Ernährung steigert nicht nur die Bewegungslust, sondern hat über die vollständigere Verdauung auch bessere Entschlackung zur Folge. Schon der berühmte indische Yoga-Meister Paramahansa Yogananda sagte: „Denkt daran: Verstopfung ist die gefährlichste aller Krankheiten." Pflanzliche Ernährung aber wirkt nicht nur Verstopfung entgegen, sondern fördert bessere Verdauung bis auf Zellniveau. Von zunehmender Empfindsamkeit berichten viele Peace-Food-Anhänger. Die Eleganz, die Menschen gewinnen, die sich von der Schwere der Fleisch- und dem Schleim der Milch-Welt lösen, konnte ich oft beobachten. Viele Frauen bringen es auf den Punkt, wenn sie sagen: „Jetzt bin ich endlich so, wie ich immer sein wollte." Augenscheinlich meinen sie die Figur, aber ich sehe doch, wie viel weiter das geht.

Der biochemische Glückskreis – dem Altern Paroli bieten

Sekundäre Pflanzenstoffe, Mineralien und Vitamine halten unseren Stoffwechsel auf Touren und schützen uns vor freien Radikalen, jenen Angreifern, die Krankheits- und Alterungsprozesse in Gang setzen. Mediziner sprechen von oxidativem Stress. Wir, beziehungsweise unsere Gewebe rosten im wahrsten Sinne des Wortes. Das zu verhindern, braucht es antioxidative Schutzstoffe, die vorne bereits erwähnten Antioxidantien, die sich vor allem in Früchten und Gemüse finden. Der sogenannte ORAC-Wert bezeichnet die Fähigkeit der Lebensmittel, freie Radikale zu neutralisieren und uns vor oxidativem Stress zu schützen. Er ist bei frischen Kräutern und Gewürzen besonders

hoch, während Tierprodukten diese antioxidativen Eigenschaften weitgehend fehlen. So bauen wir uns auf Peace-Food-Basis einen pflanzlichen Schutzschild gegen die gravierendsten Krankheitsbilder der Moderne und halten uns obendrein fit.
Neben regelmäßigem Fasten zeichnet sich damit ein zweiter Weg ab, Alterungsprozesse aufzuhalten. Ein dritter ähnlich wirksamer ist mir nicht bekannt. Die lebensverlängernde Wirkung des Fastens ist inzwischen wissenschaftlich belegt – bei Tieren. Pflanzliche Kost führt auf natürlichem Weg zu einer Blutverflüssigung, wie sie heute oft künstlich angestrebt wird. Natürlich ist es noch gesünder und heilsamer, wenn wir unseren Lebensfluss durch eine entsprechend gesunde Lebensführung in Gang halten. Wer im Fluss oder Flow bleibt, ist – im Sinne der Glücksforschung – auch ungleich besserer Stimmung und eben glücklicher. Das Altern können wir nicht verhindern, aber wir können vorzeitige Alterungsprozesse unterbinden mit Peace Food, Fasten und reichlich gutem Wasser.

Die Langzeitperspektive

Wichtiger noch als rascher Umstieg ist die Langzeitentwicklung. Nachdem ich ein Leben lang Diäten habe kommen und gehen sehen und nicht wenige aus ärztlichem Interesse ausprobiert habe, ist das Fazit ernüchternd und entspricht weitgehend der Erkenntnis einer Journalistin: Diäten gehen immer und funktionieren nie. Das meint, sie verkaufen sich immer gut und die erste Abnehmphase klappt auch, aber langfristig kommen die Kilos und Speckpolster ähnlich rasch zurück, wie sie dahingeschmolzen sind. Rückfälle sind nicht die Ausnahme, sondern die Regel. Das ist beim Umstieg auf vollwertige Pflanzenkost zum Glück anders. Wir durchschauen heute sogar, wie wir uns vor Rückfällen schützen können. Der Organismus ist ständigen Anpassungsprozessen unterworfen, nicht einmal die stärksten Knochen sind wirklich statisch, sondern werden ständig neuen Belastungssituationen angepasst und umgebaut.

DER KÖRPER PASST SICH SCHNELL AN

Ähnlich ist auch die Bakterienbesiedlung im Darm, die sogenannte Symbiose, ständiger Anpassung unterworfen. Allesesser beherbergen Heere von auf Fäulnisprozesse spezialisierten Bakterien im Darm, weil Fleisch erst im Zersetzungs- bzw. Verwesungsprozess gegessen werden kann. Frisches Rindfleisch wäre wegen der Leichenstarre gänzlich ungenießbar. Deshalb fragen erfahrene Hausfrauen, ob das Rind auch gut abgehangen ist. Solange wir Bakterien im Darm haben, die auf solche in Fäulnis übergehende Nahrung spezialisiert sind, haben wir offenbar auch Appetit darauf. Erst wenn diese Bakterien – spätestens nach vier Monaten – aufgeben und verschwinden, schwindet auch die Lust auf entsprechende Fäulnisprodukte. Bereits nach einem halben Jahr hat mir Käse widerstanden, den ich vorher gern gegessen habe.

KONSEQUENT IST WICHTIG

Insofern ist es am einfachsten, gleich zu Beginn wirklich konsequent zu sein beim Einstieg in den Umstieg. Nach einem halben Jahr sind Rückfälle in die Barbarei sich selbst und der (Um-)Welt gegenüber nicht mehr zu erwarten. Wer sich aber jeden Monat einen kleinen, scheinbar unwichtigen Schnitzer leistet, erhält die Fäulnisbakterien am Leben und muss auch nach längerer Zeit noch mit Rückfällen rechnen. Konsequenz und Disziplin sind nicht nur, aber auch in dieser Situation Garanten für Erfolg und Glück. Je früher wir uns darauf einstellen, desto besser. Nicht umsonst ist fehlende Disziplin neben dem ungelebten Leben das zweite bedrängende Problem, das Menschen auf dem Totenbett quält. Je früher wir anfangen, unser Leben zu leben und es mit Mut und Disziplin in die Hand nehmen, desto besser und übrigens auch genussreicher die Aussichten. Wer das bedenkt und umsetzt, gewinnt mit Peace Food eine wundervolle neue Lebensbasis weit jenseits von Diäten – eine Lebenseinstellung obendrein, die, durch immer mehr wissenschaftliche Studien gestützt, über alles Persönliche hinaus so viel Hoffnung für diese Erde und ihre Bewohner vermittelt. Und je mehr Menschen uns auf diesem Weg zu Frieden und Freiheit folgen, desto leichter wird er – schon jetzt nimmt die Zahl vegetarischer und veganer Restaurants ständig zu. Alle Restaurants sind herzlich eingeladen, sich dieser Entwicklung anzuschließen und mit einigen vollwertig-pflanzlichen Menüs den Weg zu Peace Food zu beginnen.

Anziehende Kost?

Unser Gewebe wird offensichtlich durch knackige Lebensmittel wie Äpfel knackiger als durch leere Kalorienträger wie Weißmehl und Zucker. Totes vom Tier wie Fleisch und Milch(-produkte) vermitteln das Gegenteil von Lebendigkeit und Vitalität. Mit ihrem

Frisches Gemüse versorgt uns mit reichlich Sonnenenergie und verleiht uns eine vitalere Ausstrahlung.

verschleimenden Effekt leisten Letztere dem ausgesprochen unbeliebten Schwabbelgewebe Vorschub, das Ärzte früher als *pastös* bezeichneten und Frauen heute als Cellulite hassen. Falsche, also nicht vollwertige *Pasta* hat tatsächlich ihren Anteil daran. Lebensmittel, die anziehend aussehen, lassen uns auf Dauer auch anziehender und sinnlicher wirken. Vollwertig-pflanzliche Lebensmittel machen sexy von der Wirkung, aber auch vom Lebensgefühl. Früchte sind natürliche Aphrodisiaka, nicht umsonst sagen wir „so ein Früchtchen" und meinen das nicht botanisch. Verführerische Erdbeermünder, knackige Apfel-Pos, die berühmte Pfirsich-Haut und das Funkeln der Granatapfelkerne sind sinnenbetörende Beispiele. Die verbotenen, aber köstlichen Kirschen aus Nachbars Garten und jene Trauben, aus denen sünd-teurer Champagner gekeltert wird, mit dem wir anstoßen können, ohne

anstößig zu werden, vervollständigen die Früchtesammlung, wobei auch Gewürze dem Leben anziehende Würze verleihen und die richtige Schärfe. Heiße Mädchen und coole Typen wechseln heute in großer Zahl und rechtzeitig zu veganer Kost.
Nehmen wir noch die bessere, weil frischere und vitalere Ausstrahlung hinzu und den angenehmeren Duft vollwertig-pflanzlicher Genießer, wird das von der Nahrungsmittelindustrie und ihrem Gefolge gezeichnete Bild vom verhärmten Veganer in seiner ganzen Absurdität durchschaubar. Das Gegenteil ist der Fall. Uns schmecken nicht nur Lebensmittel, die diesen Namen tatsächlich noch verdienen, sondern auch das Leben insgesamt. Wir schmecken und bekommen natürlich auch anderen besser – ganz konkret wie auch im übertragenen Sinn. Wer nicht mehr so stinkt, stänkert auch nicht mehr so, weil er sich lieber mit natürlichen Kräften und kreativen Impulsen beschäftigt. Rein pflanzlich und meist auch in anderen Bereichen sehr bewusst Lebende kommen der indischen Vorstellung am nächsten, die lautet: Gesunde Menschen duften nach der zuletzt genossenen Frucht. Wenn sich Schweißfüße verabschieden und Deos überflüssig werden, weil der Schweißgeruch nachlässt, macht das nicht nur Frauen glücklich. Die Klärung der Haut und strahlende Augen drücken das vitalere Lebensgefühl aus und prägen den neuen Stil, der leichter und eleganter, optimistischer und intelligenter, einfach anziehender ist.

Umstieg im Nu

Ein paar Tage könnte es dauern, das Buch „Peace Food" zu lesen und erste Schritte ins vollwertig pflanzliche Lebensmittel- und Ess-Paradies zu machen. Vielen hat aber auch schon ein Vortragsabend gereicht, um die bisherige Essens-Ideologie nachhaltig zu erschüttern und durch die verantwortlichere pflanzliche Strategie zu ersetzen. Das vorliegende Peace-Food-Kochbuch brauchen Sie – bis auf diese Einführung – nicht mal mehr zu lesen, Sie können sich ganz praktisch hindurchkochen und -essen und auch nach Belieben kulinarisch darin herumspringen. Wer eine tägliche Anleitung durch die ersten Wochen des Übergangs zu Peace Food sucht, wird auch diese bekommen. Wir arbeiten daran, und www.peacefood.org liefert weitere Hinweise.

IN VIER WOCHEN EIN NEUER MENSCH

Tatsächlich können wir sehr rasch und konkret die Moleküle und Atome austauschen, die unseren Organismus aufbauen. In sieben Jahren geschieht das sowieso, wird der ganze Körper runderneuert und in zehn Jahren auch das Nervensystem. Jetzt aber ergibt sich mit Peace Food die Chance, diesen Neueinstieg auf einem ganz anderen Niveau viel rascher in die Wege zu leiten. Alte, belastete Moleküle und Atome sind schnell durch neue, im wahrsten Sinne des Wortes frische auszutauschen, und diese Frische kann man sofort und spürbar ins tägliche Leben einfließen lassen. Das Ziel eines gesünderen, fitteren und erfolgreicheren, satteren und schlankeren, vor allem aber glücklicheren Lebens ist leicht und beschwingt zu erreichen. Peace Food ist die Basis und Fasten ein idealer Einstieg. Im Anfang liegt bekanntlich alles. Besonders Fastenkuren mit grünen Smoothies aus eigenen Kräutern und Bee-

ren können eine wundervolle Brücke bauen. Im Fasten orientiert sich der Körper neu, die Smoothies fördern noch einerseits die Entleerung und andererseits die Versorgung mit neuer Pflanzenenergie.
Nach ein oder zwei Fastenwochen wird der Aufbau mit Rezepten aus diesem Buch zum Kinderspiel. Wer an solch eine Fastenzeit ein oder zwei Fitnesswochen anhängt, kann mit einem guten, ausgewogenen Plan in einem Mondzyklus wirklich ein neuer Mensch werden und in einem nicht wiederzuerkennenden, komplett runderneuerten Körperhaus ein ganz anderes, ungleich erfüllteres und so viel eleganteres Leben genießen. Wer (es) sich ganz leicht machen will, ist dazu herzlich nach TamanGa, ins erste Peace-Food-Zentrum, eingeladen. Schon in der ersten Woche lässt sich erleben, wie gut die Umstellung auf vollwertige Pflanzenkost aus eigenem Anbau tut, wie mit den Schwingungen von Heilquellen informiertes weiches, basisches Wasser von innen heraus erfrischt. Wer will, kann in dieser Zeit in unseren Gärten und der Küche mitbekommen, wie er selbst solche Schätze der Gesundheit herstellt.

Genussvoll satt essen

Abnehmwillige sollten nicht hungern, sondern fasten und sich anschließend satt essen mit ballaststoffreicher schmackhafter Pflanzenkost, dabei ihren Grundumsatz durch Bewegung heben und hoch halten. Statt den Organismus mit Diäten auf ein Sparprogramm zu trimmen, ist das Gebot der Stunde, ihn aktiv und beweglich werden zu lassen, geschmeidig und fließend. Unser Körper hat viele Programme eingespeichert, und diese gilt es zu durchschauen und zu lösen. Köstlicher Genuss ist ungleich wichtiger und besser als Verzicht, der nur von wenigen dauerhaft durchzuhalten ist. So lässt sich Balance erleben und üben und Ausgewogenheit verwirklichen. Wer sich gewogen ist durch Meditation und genussvolle Bewegung in der Natur, tut sich naturgemäß leichter auf diesem Weg.

Auf dem Weg zum inneren Gleichgewicht

Peace Food führt nicht nur dazu, Krankheitsbildern wie Rheuma und Diabetes, Übergewicht und Gicht, Hochdruck und Übersäuerung und vielen anderen die Existenzgrundlage zu entziehen, es ist auch eine wundervolle Gelegenheit, die gestiegene Bewegungslust zu nutzen, neben einer neuen, gründlich überholten Figur auch ein besseres inneres Gleichgewicht zu finden. Im spirituellen Sinn der eigenen Mitte näher zu kommen und ganz bewusst inneren Frieden zu finden, um dann auch äußeren zu machen mit sich und der Welt, ist das lohnende Ziel. So könnte eine Woche so viel und ein Monat die Welt verändern, zuerst die eigene kleine und parallel und anschließend auch die äußere große.
Ideal ist es, sich Programme für längere Zeiten zu machen, die einen Rahmen geben und einen immer wieder auf- und einfangen. Eine weitere Chance liegt darin, das „Geheimnis des Loslassens" zu entdecken und die Energie, die in diesem schon vom Buddha empfohlenen Schritt liegt. Mit Tierprotein und -fett ließe sich gleich in einem Aufwasch das loslassen, was nicht zu einem erfüllten Leben gehört. Der dazu entstandene Tischaufsteller und Jahresbegleiter[11] kann dabei

Unsere Erde schenkt uns reines Wasser und einen Überreichtum an hochwertigen Pflanzen für unsere Ernährung – wir sollten sie auch nutzen und dabei die Erde pflegen und bewahren für nachfolgende Generationen.

eine gute Hilfe sein und Woche für Woche durch ein Jahr der Umstellung und Lebenserleichterung eigene Fortschritte begleiten.

Wo geht es hin mit uns und unserer Ernährung?

Vom Allesesser zu Peace Food, der Ernährung, die inneren und äußeren Frieden schafft, ist es ein kurzer Weg, der aber eine in jeder Hinsicht große Entscheidung voraussetzt. Es kann kein Zweifel daran bestehen, dass unsere Vorfahren in den unendlich langen Zeiten der Frühgeschichte wesentlich von Pflanzen lebten und mangels Feuer Rohköstler waren. Genauso wenig Zweifel gibt es, dass sie in späteren schwierigen Zeiten Tiere essen mussten. Aber das ist vorbei: Wir dürfen uns entwickeln und stolz darauf sein. Irgendwann – hoffentlich bald – werden wir ein geistig-seelisches Niveau erreichen, von dem wir zurückschauen auf dunkle Zeiten, in denen Menschen Tiere auf grausame Art hielten und töteten, um sie zu essen.
Natürlich ließe sich diese Vision des Weges noch weitertreiben bis hin zu einer Ernährung aus Früchten und Wildkräutern. Der Physiker Erwin Schrödinger sagte: „Wir essen Ordnung." Prof. Fritz Albert Popp stellt fest: „Es besteht kein wesentlicher Unterschied zwischen Nahrung und Information." Er spricht von Lichtsäugern und meint Menschen, die sich Sonnenlicht über die Energie der Pflanzen einverleiben. Vor 2500 Jahren sagte Sokrates bereits: „Je weniger du benötigst, desto näher bist du bei den Göttern. Sie benötigen nichts und sind daher unsterblich."
Bei alldem ist aber zu bedenken, dass nicht alles für alle passt und übertriebener Ehrgeiz sich nicht auszahlt. Jede(r) muss für sich entscheiden, wie er leben will und welche Ernährung das am besten fördert. Insofern ist eine vollwertig-pflanzliche Hausmannskost die für die meisten beste Variante für ein glückliches Leben in einem durch seine Ausstrahlung anziehenden Körper(haus).
Die Erfahrung zeigt, dass ein schlanker, fitter Körper und eine reine, von innen heraus strahlende Haut so stark zu einer Gesamtausstrahlung von Erfolg und Glück beitragen,

dass die Wahrscheinlichkeit auf äußeren Erfolg deutlich steigt und zugleich andere Menschen anzieht.

VISION UND HOFFNUNG

Wenn Sie es schaffen, den Schritt in Richtung Peace Food zu machen und Tierprotein durch pflanzliches zu ersetzen, leisten Sie selbst den größten Beitrag zur eigenen Gesundung, zur Erhaltung Ihrer Vitalität und zur Heilung der Welt. Wir entlasten uns damit von der Verantwortung für den Hunger auf Erden und für so viel Tierelend. Jeder Anfang ist wichtig und jede ausgelassene Fleischmahlzeit ein Schritt in die richtige Richtung. Jede lange Reise beginnt mit einem ersten Schritt. Wären alle Tierschützer ehrlich und konsequent, nähmen Umweltaktivisten ihr Engagement wirklich ernst, wäre spirituell Suchenden der Wunsch nach innerem Frieden tief genug, müssten sie sich vom Tiere-Essen lösen und zu Peace Food wechseln. Machten alle Vollwert-Anhänger und grün Denkenden in dieser Hinsicht Nägel mit Köpfen, wären wir schon einen Riesenschritt weiter. Wenn alle Erwähnten sich auch noch gegenseitig unterstützten und sich – auf Ernährungsebene – zusammenschlössen zu einem Bündnis für Frieden, würde wahrscheinlich schon der so notwendige Quantensprung erfolgen. Persönlich glaube ich, dass „Peace Food – Essen für den Frieden“ der leichteste und zugleich wirksamste Schritt wäre, unsere persönliche und die Entwicklung unserer einen gemeinsamen Welt noch zum Guten zu wenden.
Gelingt es uns, diese Ernährung zu einem Mehrheitsprogramm zu machen, könnten wir in uns und um uns Frieden schaffen im tiefsten Sinn der gemeinsamen religiösen Kultur. Tatsächlich wollen alle Religionen in ihrer Essenz dasselbe, dass wir anderen nur zumuten, was wir wollen, dass es auch uns zugemutet wird. Am schönsten finde ich die Konsequenz daraus in meinem Lieblingssatz meines Lieblingsheiligen Franz von Assisi ausgedrückt, der alle fühlenden Wesen liebte und sagen konnte:
Herr, mach mich zu einem Werkzeug
Deines Friedens!

---

1 Ruediger Dahlke: Peace Food, Wie der Verzicht auf Fleisch und Milch Körper und Seele heilt, Gräfe und Unzer
2 Ruediger Dahlke: Seeleninfarkt, Zwischen Burn-out und Bore-out, Wie unserer Psyche wieder Flügel wachsen können, Scorpio
3 Inzwischen überarbeitet: Ruediger Dahlke: Richtig essen (über www.heilkundeinstitut.at)
4 Die sogenannte China-Study interpretiert Daten, die in China in den 1970er- und 1980er-Jahren erhoben wurden, um den Zusammenhang zwischen der Ernährung und dem Auftreten von Krankheiten wie Krebs, Herz-Kreislauf-Krankheiten und degenerativen Erkrankungen wie Osteoporose zu untersuchen. Die Autoren sehen tierische Produkte in der Ernährung als eindeutig ursächlich für die genannten Krankheiten an und empfehlen als Ergebnis ihrer Studie eine rein vegane Ernährung.
5 Wie Anm. 3
6 Über www.heilkundeinstitut.at
7 Wie Anm. 6
8 Wie Anm. 6
9 Informationen zur Wasserbehandlung: www.kurzmann.aquion.at und K.kurzmann@atp.aquion.at – das Stichwort TamanGa spart 5%
10 Ruediger Dahlke: Die Schicksalsgesetze, Spielregeln fürs Leben – Resonanz, Polarität, Bewusstsein, Arkana
11 Ruediger Dahlke: Das Geheimnis des Loslassens, Gräfe und Unzer

VEGANE KLEINIG-KEITEN

Ein guter Tag beginnt mit einem veganen Frühstück, kalt oder warm, süß oder herzhaft. Auch für unterwegs kann man sich Veggie-Food einpacken, um im Büro, auf Reisen oder beim Picknick gesund zu genießen.

MATCHADRINK dn

Matcha stärkt die Konzentration und sorgt deshalb am Morgen für einen guten Start in den Tag.

Für 2 Personen Zubereitungszeit: **5 Minuten + 10 Minuten Kühlzeit**

- 1 gestrichener TL Matcha (gemahlener grüner Tee)
- ½ l Hafer- oder Reisdrink
- 2 EL Agavendicksaft
- ½ TL gemahlene Vanille (Bioladen)

Alle Zutaten im Mixer sehr gründlich vermischen. In Gläser füllen und für etwa 10 Minuten ins Gefrierfach stellen.

❤ **TIPP:** *Diesen Drink kann man übrigens auch als Dessert nach einer leichten Mahlzeit servieren, wenn man in jedes Glas eine Kugel veganes Vanilleeis gibt.*

GEEISTE KOKOSMILCH

Die erfrischende Kokosmilch mit den bunten Früchten ist das ideale Frühstück zum Wachwerden für Morgenmuffel.

Für 2 Personen Zubereitungszeit: **15 Minuten + 30 Minuten Gefrierzeit + 8 Stunden ziehen lassen**

1 kleines Stück frischer Ingwer
1 Stängel Zitronengras
1/4 l Kokosmilch
1 EL Akazienhonig
1/2 reife Mango
1/4 reife Papaya
1/4 süße Ananas
1/2 Bio-Limette
1 Passionsfrucht oder einige Granatapfelkerne zum Garnieren

1 Ingwer schälen und fein reiben, Zitronengrasstängel mit dem Messer flach klopfen. Kokosmilch mit Ingwer, Zitronengras und ½ EL Honig kurz aufkochen und über Nacht ziehen lassen.

2 Durch ein Tuch passieren und für 30 Minuten ins Gefrierfach stellen. Mango, Papaya und Ananas schälen und in kleine Stücke schneiden. Etwas Limettenschale abreiben und die Limette auspressen. Fruchtstücke mit ½ EL Honig, Limettenschale und -saft marinieren.

3 Die Kokosmilch mit dem Stabmixer aufmixen, in gekühlte Gläser füllen und den Fruchtsalat darauf verteilen. Die Passionsfrucht halbieren und mit einem Teelöffel Fruchtfleisch und Kerne herausheben. Passionsfruchtfleisch oder Granatapfelkerne als Garnitur auf die Kokosmilch geben.

MUHAMMARA gl

Die leuchtend rote Creme aus Walnüssen und Paprika isst man in der Türkei gern mit Fladenbrot – sie liefert Energie und Vitamine für einen gesunden Start in den Tag.

Für 2 Personen Zubereitungszeit: **15 Minuten**

- 50 g Walnusskerne
- 1 große rote Paprikaschote
- 1 Knoblauchzehe
- ½–1 Chilischote
- 3 Scheiben Zwieback
- 2 EL Olivenöl
- 1 gehäufter TL Ras el-Hanout (orientalische Gewürzmischung)
- ½ TL gemahlener Kreuzkümmel
- 1 TL Zitronensaft, Salz, Pfeffer

1. Walnusskerne in einer Pfanne ohne Fett rösten, bis sie zu duften beginnen. Auf einem Teller ausbreiten und abkühlen lassen.
2. Die Paprikaschote waschen, Kerne und weiße Fasern im Innern entfernen und das Fruchtfleisch in Stücke schneiden. Den Knoblauch schälen und fein hacken. Die Chilischote waschen und fein hacken. Den Zwieback in kleine Stücke brechen.
3. Alle vorbereiteten Zutaten mit den Gewürzen in einen Mixer geben und zu einer glatten Paste pürieren.

KOKOS-DINKEL-AUFSTRICH dn

Nach Kokos, Zimt und Ingwer duftend, ist dieser sanft-süße Aufstrich unser Liebling in der kalten Jahreszeit.

Für 2–3 Personen Zubereitungszeit: **15 Minuten**

- 100 ml Kokosmilch
- 150 ml Hanf- oder Sojadrink
- 200 g Dinkelflocken
- 1 TL Birnendicksaft
- Etwa 1 TL Zitronensaft
- ½ TL geriebener Ingwer
- Je 1 Messerspitze Zimt und Muskat
- Je 1 TL Sesam und Kokosraspel

1. Die Kokosmilch und den Hanfdrink vermischen und erwärmen, die Dinkelflocken zugeben und etwa 5 Minuten quellen lassen.
2. Birnendicksaft, Zitronensaft und die Gewürze zugeben und alles mit dem Mixstab pürieren. Sesam und Kokosraspel unterheben.

HUMMUS

dn

Die Kichererbsen-Paste ist nicht nur ein sehr eiweißreicher, sättigender Brotaufstrich zum Fladenbrot, sie schmeckt auch zu Bratkartoffeln oder gegrilltem Gemüse.

Für 2–3 Personen Zubereitungszeit: **15 Minuten**

100 g Kichererbsenmehl
2 EL Tahin (Sesammus)
3 EL kalt gepresstes Olivenöl
Kräutersteinsalz, frisch gemahlener Pfeffer
1–2 TL Zitronensaft
3–5 Stängel Petersilie
1 Knoblauchzehe (nach Belieben)
½ TL gemahlener Kreuzkümmel

1 300 ml Wasser zum Kochen bringen und mit dem Kichererbsenmehl gut verrühren. Sesammus und Olivenöl einrühren und den Aufstrich mit Kräutersalz, Pfeffer und Zitronensaft abschmecken.

2 Petersilie waschen, trocken tupfen und fein schneiden. Unter die Paste mischen. Wer es sehr würzig mag, schält eine Knoblauchzehe und presst sie hinein und schmeckt mit etwas gemahlenem Kreuzkümmel ab.

gl

AVOCADO-PAPRIKA-CASHEW-AUFSTRICH

Schnell gemacht, sättigend und sooo fein: Die zarten Aromen von Cashew und Avocado verbinden sich hier zu einer Creme mit extravielen Mineralstoffen.

Für 2 Personen Zubereitungszeit: **10 Minuten**

- 80 g Cashew-Kerne (oder Cashew-Bruch, das ist preisgünstiger)
- 1 reife Avocado
- 1 EL Zitronensaft
- ½ TL gerebelter Thymian
- Meersalz, frisch gemahlener Pfeffer
- 1 gelbe Paprikaschote

1. Die Cashew-Kerne im Mörser grob zerstoßen und in ein hohes Gefäß geben. Avocado halbieren, den Stein herauslösen, mit einem Teelöffel das Fruchtfleisch herausschaben und zu den Cashew-Kernen geben. Zitronensaft und Gewürze zufügen und mit dem Mixstab pürieren.
2. Die Paprikaschote waschen, das Kerngehäuse entfernen und das Fruchtfleisch in kleine Stücke schneiden. Zu dem Avocadomix geben, nochmals kurz durchpürieren und sofort servieren.

♥ **TIPP:** *Die Paprikaschote ganz zum Schluss zugeben und nur kurz mixen, weil sie bei zu starkem Pürieren bitter werden kann.*

LIPTAUER bc

Der beliebte österreichische Aufstrich schmeckt mit Tofu statt Quark auf Bauernbrot oder auch als würziger Dip zu Knabbergebäck.

Für 2 Personen Zubereitungszeit: **15 Minuten**

60 g vegane Margarine
110 g Tofu, natur
½ Zwiebel
2 Gewürzgurken, 2 EL Kapern
Je ½ TL Kümmelsamen, Worcester-Sauce, Paprikapulver, rosenscharf, Salz
2 TL Paprikapulver, edelsüß
Frisch gemahlener weißer Pfeffer

1. Margarine bei Zimmertemperatur weich werden lassen. Den Tofu mit der Gabel zerdrücken und in eine Schüssel geben.
2. Die Zwiebel abziehen und fein hacken. Gewürzgurken und Kapern ebenfalls fein hacken. Kümmel grob zerkleinern. Alle vorbereiteten Zutaten mit der Worcester-Sauce, Margarine und Gewürzen mischen und mit dem Handrührgerät gut verrühren.
3. Sollte die Masse zu trocken sein, etwa 1 EL vom Einlegewasser der Kapern unterrühren, bis der Liptauer eine cremige Konsistenz hat.

SONNENBLUMENAUFSTRICH dn

Sonnenblumenkerne gehören zu den gesündesten Ölsaaten: Mit ihrem reichlichen Gehalt an Magnesium, Kalium und B-Vitaminen sind sie wertvolle Nervennahrung.

Für 2 Personen Zubereitungszeit: **10 Minuten + 8 Stunden Einweichzeit**

125 g Sonnenblumenkerne
3 EL Sojadrink
1–2 TL Zitronensaft
½ TL Salz

1. Die Sonnenblumenkerne über Nacht in ¼ l Wasser einweichen.
2. Am nächsten Tag das überschüssige Wasser abgießen. Sojadrink, Zitronensaft und Salz dazugeben und alles fein pürieren.

& **VARIANTEN:** *Das Grundrezept schmeckt sehr neutral und lässt sich vielfältig abwandeln:*

- *Grün und kräuterig schmeckt der Aufstrich mit 2 EL Schnittlauchröllchen, fein gehackter Petersilie oder gemischten Kräutern verrührt.*
- *Sehr würzig wird er, wenn man eine geschälte Knoblauchzehe oder fein gehackten Bärlauch mitpüriert.*
- *Im Sommer passen Tomatenwürfel und geschnittene Kresse.*
- *Fruchtig-pikant wird's mit geriebenem Apfel und Frühlingszwiebeln.*

POLENTA-AMARANT-SCHNITTEN

hb

Macht satt und enthält viel Eiweiß: Ob als knusprige Schnitten oder als Brei – Polenta und Amarant sind gesund und machen wohlig satt und zufrieden.

Für 2–3 Personen Zubereitungszeit: 30 Minuten + 45 Minuten Garzeit

Je 1 Prise Meersalz und gemahlener Zimt

200 g Maisgrieß (Polenta), mittelgrob

50 g Amarant

2 EL Kokosfett, kalt gepresst

5 EL Ahornsirup

Etwa 1 Tasse Haferdrink

Etwa 2 Tassen Vollkorn-semmelbrösel

Kokosfett zum Braten

1 700 ml Wasser zum Kochen bringen, Salz und Zimt hinzufügen. Maisgrieß und Amarant unter ständigem Rühren einstreuen. 2 Minuten kochen lassen, dabei ständig rühren. Den Brei bei sehr schwacher Hitze 45 Minuten zugedeckt ziehen lassen. Kokosfett und 2 EL Ahornsirup unterrühren. Eine Kasten- oder Terrinenform mit Klarsichtfolie auslegen, den Brei einfüllen und glatt streichen.

2 Etwas abkühlen lassen. Die Polenta auf ein Brett stürzen und die Folie abziehen. Die Polenta in etwa 1 cm dicke Scheiben schneiden. Haferdrink und Semmelbrösel in zwei tiefe Teller füllen. Etwas Kokosfett in einer beschichteten Pfanne erhitzen. Die Schnitten jeweils in Haferdrink tauchen und dann in den Semmelbröseln wenden. Im heißen Kokosfett ausbraten und mit Ahornsirup servieren.

TIPP: *Zur Heilkost wird der Polenta-Amarant-Brei nach dem gleichen Rezept mit 1 l Wasser gekocht. Den Brei dann nur mit Kokosfett und Sirup verrühren und warm servieren.*

HIRSE-PFLAUMEN-PORRIDGE

hb

Die mineralstoffreiche Hirse sollte oft auf dem Speiseplan stehen und schmeckt übrigens auch mit frischen Beeren hervorragend.

Für 2 Personen Zubereitungszeit: **35 Minuten**

- 120 g Hirse
- Je 1 Prise Meersalz und gemahlener Zimt
- 60 g Reisflocken
- Etwa 10 Dörrpflaumen
- ⅛ l Reisdrink
- Etwa 50 ml Ahornsirup zum Servieren

1 Die Hirse in ein Sieb geben und unter fließendem heißen Wasser waschen. In einen Topf geben und kurz ohne Fett unter ständigem Rühren trocken rösten, mit ½ l Wasser aufgießen.

2 Je eine Prise Salz und Zimt zufügen, die Hirse aufkochen und bei schwacher Hitze zugedeckt 5 Minuten kochen lassen. Die Reisflocken einrühren und bei schwacher Hitze 20 Minuten ziehen lassen. Die Pflaumen klein schneiden, zusammen mit dem Reisdrink unterrühren und 5 Minuten erhitzen.

3 Den Porridge in Schälchen füllen, mit dem Ahornsirup beträufeln und servieren.

♥ **TIPP:** *Wenn Sie gleich etwas mehr Hirse- oder Polentabrei kochen, reicht er noch für die Energiekugeln von Seite 180.*

MELANZANESCHLUNZ bc

Unser Lieblings-Auberginen-Gericht, das warm oder kalt gegessen werden kann, auch als Beilage zu einem Curry. Mit Fladenbrot ein kleiner Imbiss für unterwegs.

Für 2 Personen Zubereitungszeit: **30 Minuten**

- 1 große Zwiebel
- Je 1 rote und grüne Paprikaschote
- 1 große Aubergine (= Melanzani; etwa 350 g)
- Etwa 100 ml Olivenöl
- 1 gestrichener EL Paprikapulver, edelsüß
- ½ TL gemahlener Kreuzkümmel
- Garam Masala oder Currypulver
- 1 gehäufter TL Vindaloo-Paste (aus dem Glas, Asialaden)
- Salz nach Geschmack

1. Die Zwiebel schälen und fein hacken. Paprikaschoten waschen, putzen und in ½ cm große Würfel schneiden. Aubergine waschen und in 1 cm große Würfel schneiden.
2. In einer Pfanne ca. 1 cm hoch Olivenöl erhitzen, Zwiebel und Paprika darin glasig braten, danach die Auberginenwürfel zugeben. Unter häufigem Wenden braten, bis die Auberginen das Öl aufgenommen haben. Nun bei schwacher Hitze etwa 15 Minuten dünsten, bis die Auberginen das Öl wieder abgeben.
3. Unter ständigem Rühren die Gewürze untermischen und noch weitere 5 Minuten dünsten. Warm als Beilage servieren oder auch nur mit Basmatireis als einfache Mahlzeit.

❤ **TIPP:** *Wer auf Zwiebel verzichten möchte, kann als Ersatz Gemüsefenchel, Karotten und Selleriestangen klein schneiden und anrösten – das ergibt auch feine Röstaromen wie von einer Zwiebel.*

SCRAMBLED (V)EGGS bc

Sieht aus wie Rührei und schmeckt mindestens genauso gut: Die gemüsigen Veggs sind gesund, machen satt und liefern mengenweise Power für den ganzen Tag.

Für 2 Personen Zubereitungszeit: **20 Minuten**

- ½ Zwiebel
- ¼ Paprikaschote (rot oder grün)
- 2 kleine Tomaten
- 150 g Tofu, natur
- 2 EL vegane Margarine
- Salz
- ¼ TL gemahlener Kreuzkümmel
- ¼ TL Kurkuma
- 1 gehäufter TL Garam Masala
- 2 EL Sojasahne
- 3–4 Stängel Koriander oder Petersilie
- Evtl. Sojasauce zum Servieren

1 Zwiebel schälen und hacken, Paprikaschote und Tomaten waschen, putzen und in Würfel schneiden. Tofu mit den Fingern zerkrümeln. Margarine in einer Pfanne erhitzen, Zwiebel und Paprika darin andünsten. Tomatenwürfel untermischen und das Wasser verdampfen lassen.

2 Tofu zugeben und alles kurz durchrösten. Salz und Gewürze untermischen und kurz weiterbraten. Sojasahne dazugießen, wieder alles gut durchmischen und anziehen lassen. Die Sahne macht die (V)eggs saftiger, und die Gewürze vermengen sich besser. Kräuter waschen, trocken tupfen und hacken. Vor dem Servieren über die (V)eggs streuen. Wer möchte, kann auch mit einigen Tropfen Sojasauce würzen.

SAFTIGE SANDWICHES MIT PESTO UND GEMÜSE

dn

Die etwas anderen Stullen – mit frischem Petersilienpesto, Gemüse und Räuchertofu belegt eine vollwertige Zwischenmahlzeit, die sich trotzdem prima transportieren lässt.

Für 2 große oder 4 mittelgroße Sandwiches Zubereitungszeit: **35 Minuten**

Für das Pesto:

1 Bund glatte Petersilie
60 ml kalt gepresstes Olivenöl
50 g geschälte Mandeln
Abgeriebene Schale von ½ unbehandelten Zitrone
Salz, frisch gemahlener Pfeffer
evtl. etwas Chilipulver

Für die Sandwiches:

150 g Räuchertofu
2 EL kalt gepresstes Olivenöl
Salz, frisch gemahlener Pfeffer
1 rote Paprikaschote
1 Karotte
50 g Rucola
2 große oder 4 mittelgroße Vollkornbrötchen

1 Petersilie waschen und hacken. Alle Zutaten für das Pesto im Mixer oder Mörser pürieren.
2 Räuchertofu in dünne Scheiben schneiden. Olivenöl in einer Pfanne erhitzen und den Tofu darin knusprig braten. Salzen, pfeffern und auf Küchenkrepp abtropfen lassen.
3 Paprikaschote waschen, putzen und das Fruchtfleisch in Streifen schneiden. In der Pfanne mit dem Olivenöl etwa 5 Minuten bissfest braten und mit Salz und Pfeffer würzen. Karotte waschen, putzen und mit dem Sparschäler in dünne Streifen schneiden. Rucola waschen und trocken tupfen.
4 Vollkornbrötchen aufschneiden und beide Hälften mit Pesto bestreichen. Mit Rucola, Tofuscheiben, Paprika- und Karottenstreifen belegen und zuklappen.

& **VARIANTEN:** *Je nach Saison und Geschmack lässt sich das Sandwich immer wieder variieren, zum Beispiel mit Salatblättern, Tomaten, Gurken, Kräutern.*

TORTILLAS MIT GEMÜSE gl

Wer die Tortillas nicht gleich frisch aus der Pfanne isst, wickelt sie ein und verzehrt sie unterwegs kalt. In Alufolie gepackt kann man sie auch über dem Grill wieder erwärmen.

Für 2 Personen Zubereitungszeit: **20 Minuten**

- Je 1 kleine rote und grüne Paprikaschote
- 3–4 Tomaten (etwa 350 g)
- 1 kleine rote Zwiebel
- 1 Knoblauchzehe
- 1 Chilischote
- 1 Bund Petersilie
- Etwa 4 EL Pflanzenöl zum Braten, z. B. Sesamöl
- 4 vegane Tortillas (Fertigprodukt; Bioladen)
- 2 EL Tamari (japanische Sojasauce)
- 1 TL abgeriebene Schale einer unbehandelten Zitrone
- 2 Messerspitzen gemahlener Kreuzkümmel
- Salz, frisch gemahlener Pfeffer

1. Paprikaschoten waschen, Stiel und Kerne entfernen und das Fruchtfleisch in Streifen schneiden. Tomaten waschen und würfeln, dabei den grünen Stielansatz entfernen. Zwiebel und Knoblauch schälen und fein hacken. Chilischote waschen und in feine Ringe schneiden. Petersilie waschen, trocken tupfen und fein hacken.
2. In einer Pfanne 2 EL Öl erhitzen. Zwiebel, Knoblauch und Chili darin unter Wenden etwa 2 Minuten anbraten. Paprikastreifen und Tomatenwürfel zufügen und weitere 5 Minuten braten.
3. In der Zwischenzeit in einer weiteren Pfanne 2 EL Öl erhitzen und die Tortillas nacheinander von beiden Seiten goldbraun backen.
4. Das Gemüse mit Tamari ablöschen. Zitronenschale, Kreuzkümmel und Petersilie untermengen und mit Salz und Pfeffer abschmecken. Das Gemüse auf den Tortillas verteilen und jede Tortilla von beiden Seiten einklappen. Jeweils zwei Tortillas auf einem Portionsteller anrichten.

& **VARIANTE:** *Zusätzlich etwas gebratener Tofu oder Seitan auf der Gemüsefüllung macht die Tortillas noch eiweißreicher und sättigender. Auch gegarte Maiskörner passen gut in die Füllung.*

KNUSPRIGE TEMPEH-PLÄTZCHEN

Heiß oder kalt – die Knusperplätzchen kann man in Ketchup dippen und mit Salat essen oder auch zwischen zwei Brotscheiben packen.

Für 2 Personen Zubereitungszeit: **25 Minuten**

- 70 g Weizen- oder Dinkelmehl
- 1 TL Kokosblüten-Zucker (oder Vollrohrzucker)
- 1 TL Kräutersalz
- 100 g Vollkorn-Cornflakes, ungesüßt und ungesalzen
- 200 g Tempeh
- 80–100 ml Kokosöl zum Ausbacken
- Saft von 1 Zitrone

1 Mehl mit Zucker, Salz und 100 ml Wasser zu einem glatten Teig verrühren. Die Cornflakes fein zerbröseln und in eine separate Schüssel geben. Tempeh in etwa 1 cm breite Scheiben schneiden.

2 Kokosöl in einer hohen Pfanne erhitzen. Die Tempeh-Scheiben zuerst im Teig und dann in den Cornflakes wenden und im heißen Kokosöl von allen Seiten goldbraun braten. Die Tempeh-Scheiben mit etwas Zitronensaft beträufelt servieren.

❤ **TIPP:** *Dazu passen Tomatenketchup, grüner Salat und frisches Baguette.*

FALAFEL bc

Die orientalischen Falafels gehören wohl weltweit zu den beliebtesten Snacks, die an Imbissständen mit einem Dip oder mit Sauce und Salat im Pitabrot angeboten werden.

Für 2 Personen Zubereitungszeit: **30 Minuten + 8 Stunden Einweichen**

125 g getrocknete Kichererbsen
1 knapper EL Kichererbsenmehl
1 Knoblauchzehe
1 mittelgroße Zwiebel
½ Bund Petersilie
½ TL gemahlener Kreuzkümmel
½ EL Tahin (Sesammus)
1 TL Weizenmehl
Bratöl zum Frittieren
Salz, frisch gemahlener Pfeffer

1 Die Kichererbsen über Nacht in Wasser einweichen. Am nächsten Tag abgießen und trocknen lassen. Durch den Fleischwolf drehen oder im Mixer fein hacken. Das Kichererbsenmehl in einer Pfanne ohne Fett rösten, bis es duftet. Abkühlen lassen. Knoblauch und Zwiebel schälen, Petersilie waschen und alles fein hacken. Mit Kreuzkümmel und Tahin zu den Kichererbsen geben. Die beiden Mehle zugeben und die Masse gut durchkneten. 15 Minuten ruhen lassen, in der Zwischenzeit das Tsatsiki (s. Tipp) herstellen.

2 Etwa 150–200 ml Bratöl in einem Topf erhitzen. Die Falafelmasse mit Salz und Pfeffer abschmecken. Mit feuchten Händen Bällchen mit etwa 3 cm Ø formen, nach Bedarf noch etwas Weizenmehl zugeben. Die Bällchen schwimmend frittieren, bis sie goldbraun sind. Auf Küchenkrepp abtropfen lassen.

♥ **TIPP:** *Perfekt passt dazu ein* ***Tsatsiki*** *aus 250 g Sojajoghurt, den man mit Salz, 1 TL Olivenöl und 1 durchgepressten Knoblauchzehe würzt. ½ Salatgurke schälen und grob raspeln. Die Raspel in ein Sieb geben und gut ausdrücken. Zusammen mit ½ Bund gehacktem Dill unterrühren.*

VEGGIEBURGER dn

Die Burger essen auch Kinder gern. Bereiten Sie am besten Tofulaibchen auf Vorrat zu und frieren Sie sie ein, dann sind die Veggieburger jederzeit superschnell gemacht.

Für 2 Personen Zubereitungszeit: **35 Minuten**

Für die Küchlein:

Etwa 2 cm frischer Ingwer
½ rote Chilischote
½ Karotte
1 Stängel Zitronengras
1 ½ EL Olivenöl
60 g Vollkornsemmelbrösel
Je 100 g Seidentofu und fester Tofu, natur
1 gestrichener TL Johannisbrotkernmehl
Salz, frisch gemahlener Pfeffer
Pflanzenöl zum Braten

Außerdem:

2 Sesam-Burgerbrötchen
4 Salatblätter
1 Fleischtomate
Mittelscharfer Senf
2 Gewürzgurken

1 Den Ingwer schälen, die Chilischote entkernen und waschen. Karotte und Zitronengras waschen und putzen. Alles in sehr kleine Würfel schneiden und im heißen Olivenöl 3 Minuten andünsten. Semmelbrösel zugeben und kurz mitrösten. Vom Herd nehmen. Den Tofu mit einer Gabel zerdrücken und mit der Gemüsemasse und dem Johannisbrotkernmehl vermischen. Salzen und Pfeffern.

2 Aus der Masse mit nassen Händen 2 dünne Laibchen (Ø 10 cm) formen. In einer beschichteten Pfanne im Pflanzenöl von beiden Seiten bei großer Hitze anbraten. Bei mittlerer Hitze weitere 3–4 Minuten braten, bis sie goldgelb und knusprig sind. Aus der Pfanne nehmen, abtropfen lassen.

3 Brötchen aufschneiden und kurz toasten. Salat und Tomate waschen und abtrocknen. Die Tomate in Scheiben schneiden. Die Brötchenhälften mit Senf bestreichen. Die Gewürzgurken in Streifen schneiden und mit dem Salat auf die unteren Hälften der Brötchen verteilen. Tofulaibchen und Tomatenscheiben darauflegen, die Deckel aufsetzen. Warm servieren.

♥ **TIPP:** *Die Tofulaibchen lassen sich sehr gut einfrieren – dann einfach unaufgetaut in die Pfanne geben und etwa 2 Minuten länger braten, bis sie durch sind. Statt Gewürzgurken schmecken auch Rucola- oder Basilikumblätter als frische Zutat.*

& **VARIANTE:** *Ganz ohne Tofu kommen diese* ***Bohnenlaibchen*** *aus, die im Veggieburger ebenfalls gut schmecken. Dafür 150 g schwarze oder Kidneybohnen über Nacht in Wasser einweichen, abseihen und in frischem Wasser etwa 1 ½ Stunden weichkochen. Abgießen und im Mixer pürieren. 1 große Zwiebel schälen und fein hacken, in 1 EL Olivenöl goldbraun braten und mit 70 g Kichererbsenmehl, je 1 EL Hefeflocken und Haferflocken, 2 EL gehackter Petersilie, Salz und Pfeffer unter das Bohnenpüree mischen. Mit nassen Händen Laibchen formen und in Öl braten.*

MAKI – APPETITHÄPPCHEN

dn

Leichter Imbiss auf japanische Art: fruchtig-frische Röllchen, und die Algenblätter liefern ganz nebenbei wertvolles Vitamin B12.

Für 2 Personen Zubereitungszeit: **15 Minuten**

Je 1/4 oder 1/2 reife Mango, Birne, Karotte, Avocado (je nach Größe)

Saft von 1/2 Zitrone

6 Nori-Algenblätter (9 x 5 cm, größere Blätter mit der Schere zurechtschneiden)

6 Stängel chinesischer Schnittlauch oder grüner Wildspargel

Je 2–3 TL weißer Balsamico, Reisessig, Sojasauce und Ahornsirup

1. Mango, Birne, Karotte und Avocado waschen bzw. schälen. Das Mangofruchtfleisch vom Kern schneiden, das Kerngehäuse der Birne entfernen, die Avocado halbieren und den Kern entfernen. Die Früchte in ca. 8 mm dicke Stäbchen schneiden und mit Zitronensaft beträufeln.
2. Die Algenblätter ausbreiten und je ein Stäbchen von jeder Frucht und einen Schnittlauch- oder Spargelstängel darin einwickeln.
3. In einem Schälchen Balsamico, Reisessig, Sojasauce und Ahornsirup gut vermischen. Die Sauce auf zwei kleine Schälchen verteilen. Je 3 Maki mit einem Saucenschälchen auf Portionstellern anrichten.

♥ **TIPP:** *Die knackige Karotte gibt den Röllchen etwas Biss. Wer sie lieber weicher mag, dünstet die Karottenstreifen vorher in ganz wenig Wasser bissfest.*

REISWRAPS MIT SPROSSEN

dn

Knackige Rohkost, für unterwegs gut verpackt:
Die Reiswraps sind ideal aus der Hand zu essen.

Für 2 Personen Zubereitungszeit: 30 Minuten

1 Karotte
100 g frischer Spitzkohl
1 Stück frischer Ingwer
6 EL gemischte Sprossen
1 EL Sojasauce
½ TL Honig
2 EL Sesamöl
2 EL Limettensaft
Fleur de Sel
1 EL Schnittlauch, in Röllchen
1 EL Koriandergrün, gehackt
4 Blätter Reispapier (Ø etwa 21 cm)
Sojasauce zum Servieren

1 Karotte und Spitzkohl waschen, putzen und in dünne Streifen hobeln. Den Ingwer schälen und fein reiben. Sprossen abspülen und abtropfen lassen.
2 Für die Marinade Sojasauce, Honig, Sesamöl, Limettensaft, Ingwer und Salz verrühren. Gemüse, Sprossen und Kräuter untermischen und 10 Minuten marinieren lassen.
3 Reisblätter auf einem angefeuchteten Küchentuch ausbreiten und mit einem weiteren feuchten Küchentuch abdecken. Ein Blatt nach dem anderen entnehmen und je ein Viertel der Gemüsemischung darauf verteilen. Linken und rechten Rand nach innen klappen und die Röllchen schön fest zusammenrollen.
4 Jede Rolle schräg in zwei oder drei Stücke schneiden und mit etwas Sojasauce servieren.

LINSEN-HEIDELBEER-SALAT

dn

Fruchtiger Salat mit den edelsten französischen Linsen: sehr elegant mit tiefblauen Beeren auf zartem Fenchelgrün – fein als Vorspeise oder zum Grillfest.

Für 2 Personen Zubereitungszeit: **40 Minuten**

- 125 g Puy- oder Beluga-Linsen
- 1 Lorbeerblatt
- 80 g frische Heidelbeeren
- 1 kleine Fenchelknolle
- Je 1 Stängel Minze, Basilikum, Dill
- 1 EL Fruchtessig
- 1–2 EL kalt gepresstes Olivenöl
- Salz, frisch gemahlener Pfeffer

1. Die Linsen in ein Sieb geben, abspülen und in reichlich Wasser mit dem Lorbeerblatt bissfest kochen. Abgießen und in einem Sieb abkühlen lassen.
2. Die Heidelbeeren verlesen, kurz abbrausen und vorsichtig trocken tupfen. Fenchel putzen und sehr fein hobeln oder schneiden. Die Kräuter waschen, trocken tupfen und in kleine Stücke zupfen.
3. Alle vorbereiteten Zutaten in einer Schüssel mischen und mit Essig, Öl, Salz und Pfeffer marinieren. Etwas ziehen lassen und vor dem Servieren noch einmal gut durchmischen.

LINSENSALAT MIT BUNTEM GEMÜSE

dn

Mit vielen bunten Gemüsen vermischt ist dieser Linsensalat ideal für ein Büffet – er schmeckt umso besser, je länger er durchziehen darf.

Für 2–4 Personen (Hauptgericht oder Beilage) Zubereitungszeit: **30 Minuten**

- 150 g Berglinsen
- 1 gelbe Paprikaschote
- 1 mittelgroße Fleischtomate
- 1 kleine rote Zwiebel
- Einige Zweige Petersilie
- 2 Stangen Staudensellerie
- 2 EL Pinienkerne
- 150 g gegarte Maiskörner
- Olivenöl, Balsamico-Essig
- Salz, frisch gemahlener Pfeffer

1. Linsen in ½ l Wasser 15 Minuten kochen und abseihen.
2. Paprikaschote waschen, im Backofen bei 250 °C grillen, bis die Haut schwarze Blasen wirft, die Schote in eine Plastiktüte stecken und einige Minuten „schwitzen" lassen. Herausnehmen, häuten und klein schneiden. Tomate häuten und klein schneiden. Die Zwiebel schälen und sehr fein hacken, die Petersilie waschen und die Blätter fein hacken. Den Sellerie waschen, putzen und in sehr kleine Würfel schneiden. Die Pinienkerne in einer Pfanne ohne Fett rösten.
3. Gemüse, Mais und Linsen mischen und mit Olivenöl, Essig, Salz und Pfeffer abschmecken. Mit den Pinienkernen bestreuen.

PEACE FOOD FÜR JEDEN TAG

Vegan im Alltag – von schnellen Suppen über jede Menge neue Ideen für Nudel- und Pizzafans bis zu kräftigen Hauptgerichten nach traditioneller Art: alles vegan, alles rein pflanzlich. Wohlfühlessen!

ERBSENSUPPE dn

Wer das Glück hat, frische junge Erbsen zum Selbstpalen zu bekommen, sollte sich daraus dieses feine Süppchen kochen. Ansonsten schmeckt's auch mit Erbsen aus dem Tiefkühlschlaf.

Für 2 Personen Zubereitungszeit: **40 Minuten**

1 kleine Schalotte
1 kleine Knoblauchzehe
1 Zweig Thymian
1 EL kalt gepresstes Olivenöl
500 g Erbsen (frisch oder TK)
Salz, Pfeffer
130 ml trockener Weißwein
400 ml Gemüsefond
50 g Seidentofu

1. Schalotte und Knoblauch abziehen und fein hacken. Zusammen mit den abgezupften Thymianblättchen in Olivenöl glasig andünsten. Die Erbsen dazugeben, salzen, mit Weißwein ablöschen und etwa 10 Minuten einkochen lassen.
2. Den Gemüsefond angießen und etwa 15 Minuten garen, bis die Erbsen weich sind. Die Suppe vom Herd nehmen und mit dem Mixstab pürieren. Dabei etwa 200 ml Wasser zugießen, bis die Suppe die gewünschte Konsistenz hat. Den Seidentofu zufügen, die Suppe erhitzen und noch einmal mit dem Mixstab aufschäumen. Mit Salz und Pfeffer abschmecken.

PETERSILIENWURZELSUPPE dn

Wurzeln und Kartoffeln, knackige Kürbiskerne und ein leuchtender Klecks Sanddorn-Vitamine: ein samtiges Wintersüppchen.

Für 2 Personen Zubereitungszeit: **35 Minuten**

250 g Petersilienwurzeln
125 g Kartoffeln
½ kleine Zwiebel
1 EL kalt gepresstes Olivenöl
Etwa 400 ml Gemüsebrühe
1 gehäufter EL Kürbiskerne
50 ml Sojasahne
Salz, Pfeffer, Muskatnuss
1–2 EL ungesüßtes Sanddornmark

1. Petersilienwurzeln und Kartoffeln schälen und klein würfeln. Zwiebel schälen und fein hacken. Das Gemüse in Olivenöl andünsten, mit der Brühe ablöschen und zugedeckt etwa 15 Minuten bei schwacher Hitze kochen lassen.
2. In der Zwischenzeit die Kürbiskerne in einer beschichteten Pfanne ohne Fett anrösten und leicht salzen. Die Suppe mit dem Stabmixer fein pürieren, Sojasahne und nach Belieben noch etwas Gemüsebrühe unterrühren. Mit Salz, Pfeffer und Muskatnuss abschmecken.
3. In tiefen Tellern anrichten, mit Sanddornmark beträufeln und mit den gerösteten Kürbiskernen servieren.

SELLERIE-DINKEL-SUPPE

dn

Sanft und wohlschmeckend: Mit Sellerie und Dinkelkörnern entsteht eine leicht verdauliche, sahnige Suppe, die man rund ums Jahr aus dem Vorrat zubereiten kann.

Für 2 Personen Zubereitungszeit: **1 Stunde 30 Minuten**

- 50 g Dinkelkörner
- 1 Kartoffel (etwa 125 g)
- 250 g Knollensellerie
- 400 ml Hanf- oder Sojadrink
- ½ TL geriebener Ingwer
- 1 Prise Chilipulver
- ½ kleine Zwiebel, 1 EL Olivenöl
- Etwa 100 ml Gemüsebrühe
- Salz, frisch gemahlener Pfeffer
- 1 Zweig Thymian

1. Dinkelkörner in 300 ml lauwarmem Wasser 1 Stunde lang einweichen. Das Wasser abgießen und die Körner in ¼ l frischem Wasser in etwa 20 Minuten weich kochen.
2. In der Zwischenzeit Kartoffel und Sellerie schälen und in kleine Würfel schneiden. Den Hanfdrink erhitzen und die Gemüsewürfel zusammen mit Ingwer und Chilipulver darin weich kochen.
3. Die Zwiebel schälen und klein hacken, im Olivenöl leicht anbräunen und mit den Dinkelkörnern zur Suppe geben. Die Suppe mit dem Mixstab pürieren und mit etwas Gemüsebrühe verdünnen. Mit Salz und Pfeffer abschmecken und mit den abgezupften Thymianblättchen garniert servieren.

GEMÜSE-GERSTEN-SUPPE

dn

Rollgerste oder Graupen schmecken nicht nur gut, sie sind auch eine wahre Heilnahrung. Besonders für Magen und Darm und in der Rekonvaleszenz tut so ein Süppchen gut.

Für 2 Personen Zubereitungszeit: **15 Minuten + 20 Minuten Garzeit + 8 Stunden Einweichzeit**

- 100 g Rollgerste
- 2 Stangen Staudensellerie
- 1 Karotte, 2 EL Olivenöl
- Etwa ½ l Gemüsefond
- 1 Zweig Thymian, Salz
- Etwa ½ TL Zitronensaft
- Je ½ EL gehackte Petersilie und Schnittlauchröllchen

1. Rollgerste am Vortag in kaltem Wasser einweichen, am nächsten Tag in ein Sieb abgießen. Sellerie und Karotte waschen, putzen und klein schneiden. In einem Topf das Öl erhitzen, Gemüsewürfel darin andünsten, Gerste zufügen und mit dem Gemüsefond aufgießen.
2. Thymian zugeben und die Suppe etwa 20 Minuten leise kochen lassen, bis die Gerste weich ist. Den Thymianzeig entfernen. Nach Bedarf etwas Gemüsefond nachgießen.
3. Die Suppe mit Salz und etwas Zitronensaft abschmecken und mit Petersilie und Schnittlauch bestreut servieren.

ROTE-BETE-KAROTTEN-SUPPE MIT SESAM

gl

Rote Bete und Karotte enthalten beide eine extragroße Portion Antioxidantien, die den Körper von Giftstoffen befreien und die Blutbildung positiv beeinflussen – eine pflanzliche Verjüngungskur.

Für 2 Personen Zubereitungszeit: **30 Minuten**

- 1 rote Zwiebel
- 2 cm frischer Ingwer
- 500 g Rote Bete
- 200 g Karotten
- 3 EL Olivenöl
- 3 EL Tamari (japanische Sojasauce)
- Etwa 600 ml Gemüsebrühe
- ½ Bund Petersilie
- 1 TL abgeriebene Schale einer unbehandelten Zitrone
- 6 EL Kokossahne (ersatzweise Sojasahne)
- Meersalz, frisch gemahlener Pfeffer
- 2 EL Sesamsamen

1. Zwiebel und Ingwer schälen und fein hacken. Rote Bete waschen, schälen und in kleine Würfel schneiden. Karotten waschen, schälen und ebenfalls in kleine Würfel schneiden.
2. In einem Topf das Öl erhitzen und die Zwiebel mit dem Ingwer etwa 2 Minuten unter ständigem Wenden anbraten. Rote-Bete- und Karottenwürfel zufügen und unter ständigem Wenden etwa 3 Minuten mitbraten. Mit Tamari ablöschen und mit Gemüsebrühe auffüllen, bis das Gemüse bedeckt ist. Bei schwacher Hitze zugedeckt etwa 15 Minuten kochen lassen, bis das Gemüse weich ist.
3. Petersilie waschen, trocken tupfen und fein hacken. Die Suppe mit dem Mixstab pürieren. Zitronenschale, Petersilie und Sahne hinzufügen und mit Meersalz und Pfeffer abschmecken. Eventuell mit Gemüsebrühe noch zur gewünschten Konsistenz verlängern. Nochmals kurz erhitzen, aber nicht mehr kochen. In tiefen Tellern anrichten und mit den Sesamsamen bestreut servieren.

♥ **TIPP:** *Bestreuen Sie die Suppe auch einmal mit Kürbiskernen, die Sie vorher in etwas Olivenöl angeröstet haben, bis sie dick werden und duften. In der Pfanne mit wenig Meersalz bestreuen und die warmen Kürbiskerne über die Suppe geben.*

BRUNNENKRESSESUPPE dn

Frische Frühlingsenergie in einer schnellen Suppe: Sie wird nur sehr kurz gekocht, damit die vielen wertvollen Pflanzenstoffe erhalten bleiben.

Für 2 Personen Zubereitungszeit: **20 Minuten**

100 g Brunnenkresse
Je 50 g Blattspinat und Kerbel
1 Frühlingszwiebel, 1 EL Rapsöl
Etwa 400 ml Gemüsebrühe
75 g Seidentofu
Salz, frisch gemahlener Pfeffer
1 EL Croutons zum Garnieren

1 Kresse, Spinat und Kerbel putzen. Dicke Stiele entfernen. Die Blättchen waschen und trocken tupfen. Die Zwiebel fein hacken und im Öl kurz andünsten. Die Kräuterblättchen zugeben und zusammenfallen lassen. Gemüsebrühe zugießen und etwa 5 Minuten lang kräftig kochen lassen.

2 Die Suppe vom Herd nehmen und den Seidentofu einrühren. Mit Salz und Pfeffer würzen und mit dem Stabmixer kräftig aufschäumen. Die Suppe in tiefe Teller verteilen und mit Croutons bestreuen.

RADIESCHENBLÄTTERSUPPE dn

Frische Radieschenblätter aus eigenem Anbau oder aus dem Bioladen ergeben ein würziges, reinigendes Süppchen, das in kürzester Zeit auf dem Tisch steht.

Für 2 Personen Zubereitungszeit: **20 Minuten**

60 g Radieschenblätter (von etwa 1½ Bund Radieschen)
400 ml Gemüsefond
Etwas Zitronensaft
Muskatnuss
Salz, frisch gemahlener Pfeffer
Kalt gepresstes Olivenöl
75 g Seidentofu
4 Radieschen und 1 EL Puderzucker für die Einlage

1 Die Radieschenblätter waschen und grob schneiden. Zusammen mit dem Gemüsefond, einem Spritzer Zitronensaft, Muskatnuss, Salz und Pfeffer aufkochen. Für die Einlage die Radieschen waschen und in Scheiben schneiden. 1 EL Olivenöl in einer kleinen Pfanne erhitzen, Puderzucker und Radieschenscheiben darin karamellisieren und knusprig braten.

2 Die Suppe von der Herdplatte ziehen, Seidentofu zufügen und mit dem Mixstab pürieren. 1 EL Olivenöl einmixen und die Suppe in vorgewärmten Suppentellern anrichten. Mit den Radieschenscheiben servieren.

DICKE LINSENSUPPE

dn

Linsen, Kartoffeln, Gemüse – diese Suppe wärmt und macht mit viel pflanzlichem Eiweiß lang anhaltend satt.

Für 2–3 Personen Zubereitungszeit: **45 Minuten**

- 120 g Berglinsen oder Château-Linsen
- ½ kleine Zwiebel
- 1–2 EL kalt gepresstes Olivenöl
- 1 Zweig frischer Thymian
- 240 g geschälte Tomaten (Dose)
- ½–¾ l Gemüsebrühe
- 2 mittelgroße Kartoffeln
- 1 Bund Suppengrün
- Salz, frisch gemahlener Pfeffer
- Evtl. 1 EL Apfelessig
- 1 EL gehackte Petersilie zum Servieren

1 Linsen in ein Sieb geben und abspülen. Zwiebel schälen und klein hacken. In einem Topf das Olivenöl erhitzen und die Zwiebeln darin andünsten. Abgezupfte Thymianblättchen und die Tomaten unterrühren und etwa 2 Minuten weiter dünsten. Die gewaschenen Linsen unterrühren und mit der Brühe aufgießen. Zugedeckt 20–30 Minuten kochen, bis die Linsen halb weich sind.

2 In der Zwischenzeit die Kartoffeln schälen und würfeln. Das Suppengrün waschen und in sehr kleine Stücke schneiden. Alles zu den Linsen geben, erneut aufkochen und die Suppe weitere 10–15 Minuten kochen, bis das Gemüse gar ist. Mit Salz, Pfeffer und nach Belieben Essig abschmecken. Mit Petersilie bestreut servieren.

♥ **TIPP:** *Wer die Suppe sämiger haben möchte, reibt bei Schritt 2 noch eine kleine rohe Kartoffel auf der feinen Reibe in die Suppe.*

KÜRBISSUPPE MIT ZITRONENGRAS

gl

East meats West: Kürbissuppe auf die feine Art mit Kokosmilch, Weißwein, exotischen Gewürzen und knackigen einheimischen Kürbiskernen.

Für 2 Personen   Zubereitungszeit: 25 Minuten + 15 Minuten Garzeit

- 1 Schalotte
- 250 g Hokkaido-Kürbis (geputzt gewogen)
- 1 Stängel Zitronengras
- 1 kleines Stück Ingwer
- 1 EL Sesamöl
- 1/8 l trockener Weißwein
- 400 ml Gemüsebrühe
- 50 ml Kokosmilch
- 1 EL Limettensaft
- 1 Messerspitze Cayennepfeffer
- 1 Messerspitze Currypulver
- Meersalz
- 1 EL Kürbiskerne und 1 EL Kürbiskernöl zum Servieren

1 Die Schalotte schälen und fein hacken. Kürbisfleisch in kleine Würfel schneiden (beim Hokkaido die Schale mitverwenden). Zitronengras waschen, in 3–4 cm lange Stücke schneiden, längs halbieren und mit dem Messerrücken etwas zerdrücken. Ingwer schälen und fein hacken.

2 Das Öl in einem Topf erhitzen und die Schalotte darin anschwitzen. Kürbis, Zitronengras und Ingwer zufügen und etwa 3 Minuten unter Rühren anbraten. Mit Weißwein und Gemüsebrühe ablöschen und zugedeckt bei kleiner Hitze etwa 15 Minuten kochen lassen.

3 Zitronengras entfernen und die Suppe mit dem Mixstab fein pürieren. Kokosmilch, Limettensaft, Gewürze und Salz zugeben. Nochmals kurz erhitzen. Die Kürbiskerne in einer Pfanne ohne Fett rösten, bis sie zu duften beginnen. Die Suppe in tiefen Tellern anrichten, mit Kürbiskernen bestreuen und etwas Kürbiskernöl darüberträufeln.

LINGUINE MIT AUBERGINEN-AUSTERNPILZ-RAGOUT

bc

Mediterrane Pasta mit einer großen Portion Gemüse: Auberginen verbinden sich ideal mit Tomaten und würzigen Mittelmeerkräutern und sind ganz nebenbei noch gesund für Herz, Stoffwechsel und Verdauung.

Für 2 Personen Zubereitungszeit: **45 Minuten**

- 250 g Auberginen
- 150 g Austernpilze
- 1 kleine Zwiebel
- 1 Knoblauchzehe
- ½ Stange Staudensellerie (ohne Grün)
- 300 g reife Tomaten oder 250 g Tomatenpüree (Dose)
- Je 1 Zweig Rosmarin, Bohnenkraut, Oregano oder je 1 TL getrocknet
- 60 ml Olivenöl
- ½ EL Tomatenmark
- 30 ml Rotwein
- 1 Lorbeerblatt
- 1 getrocknete Chilischote (nach Belieben)
- Salz, frisch gemahlener Pfeffer
- 300–350 g vegane Linguine (schmale Bandnudeln)

1. Auberginen waschen und in 1 cm große Würfel schneiden, Austernpilze putzen und in mundgerechte Stücke schneiden. Zwiebel und Knoblauch schälen und fein hacken, den Sellerie waschen und in kleine Würfel schneiden. Die frischen Tomaten überbrühen, häuten, den Stielansatz entfernen und die Tomaten pürieren. Frische Kräuter abzupfen, Blätter bzw. Nadeln fein hacken.
2. Das Olivenöl in einem Topf erhitzen und die Zwiebel darin anschwitzen. Sellerie und Auberginen dazugeben, durchrühren und anbraten. Tomatenmark und Knoblauch zufügen und kurz mitrösten lassen. Mit Rotwein ablöschen. Pürierte Tomaten, Kräuter, Lorbeerblatt und eventuell die Chilischote zugeben. Mit Salz und Pfeffer würzen und etwa 10 Minuten leise kochen lassen.
3. In einem Topf reichlich Wasser mit 1 EL Salz zum Kochen bringen. Wenn die Auberginen fast weich sind, die Austernpilze unterrühren und das Gericht noch 5–7 Minuten kochen lassen.
4. Die Linguine im kochenden Salzwasser nach Packungsanweisung bissfest kochen. Abseihen und sofort mit dem Auberginen-Austernpilz-Ragout anrichten.

SPARGELNUDELN IN BÄRLAUCHSAUCE

dn

So schmeckt der Frühling: reichlich Bärlauch kombiniert mit Spargel und Nudeln zum Sattwerden. Das reinigt den Körper und bringt die Sonnenenergie auf den Teller.

Für 2 Personen Zubereitungszeit: **40 Minuten**

200 g weißer Spargel
Salz
Ein Stück einer mehlig kochenden Kartoffel (geschält und gerieben, etwa 2 EL)
300 g Vollkorn- oder Dinkelnudeln
1 EL kalt gepresstes Olivenöl
Frisch gemahlener Pfeffer
30 g frische Bärlauchblätter

1 Den Spargel schälen, holzige Enden abschneiden. In einem großen Topf Wasser zum Kochen bringen und salzen. Den Spargel darin in etwa 10–15 Minuten bissfest kochen. Mit einer Schaumkelle aus dem Wasser heben und in ein Sieb legen. In Eiswasser tauchen zum Abschrecken.

2 100 ml Spargelsud aufkochen. Die Kartoffel schälen und auf einer feinen Reibe in den Sud reiben. 1 Minute kochen lassen, beiseitestellen.

3 Die Spargelstangen in feine Scheiben schneiden, die Spitzen warm stellen. In einem großen Topf ausreichend Wasser zum Kochen bringen, salzen und die Nudeln darin bissfest kochen. Abseihen und abtropfen lassen.

4 Das Olivenöl in einer Pfanne erhitzen und die Spargelscheibchen darin kurz erhitzen. Mit den Nudeln vermischen, salzen und pfeffern. Die Bärlauchblätter waschen, trocken tupfen und fein hacken. In den Spargelfond geben, noch einmal erhitzen und mit dem Mixstab pürieren.

5 Die Spargelnudeln auf zwei Portionsteller verteilen und die Bärlauchsauce dekorativ um die Nudeln herum verteilen. Mit den Spargelspitzen garnieren.

WOK-GEMÜSE MIT REISNUDELN

gl

Das Zubereiten im Wok empfiehlt sich besonders für Gemüse, die nur kurz gegart werden müssen und so ihre wertvollen Inhaltsstoffe bewahren.

Für 2–3 Personen Zubereitungszeit: **40 Minuten**

- 1 Knoblauchzehe
- 2–3 cm frischer Ingwer
- 1 Chilischote
- 100 g Shiitake-Pilze
- 2 Frühlingszwiebeln
- 350 g frischer Spinat oder Mangold
- 1 kleine rote Paprikaschote
- 100 g Sojabohnensprossen
- ½ Bund Koriandergrün
- 200 g Reisnudeln
- 2 EL Sesamöl
- 3–4 EL Tamari (japanische Sojasauce)
- Frisch gemahlener Pfeffer

1. Knoblauch und Ingwer schälen und fein hacken. Chilischote waschen, putzen und in feine Ringe schneiden. Pilze mit einem Pinsel säubern und grob zerkleinern. Frühlingszwiebeln waschen, putzen und in etwa 1 cm breite Ringe schneiden. Spinatblätter von den Stielen zupfen, gut waschen und trocken schleudern. Paprikaschote waschen, von Kernen und weißen Fasern befreien und in Streifen schneiden. Sprossen in ein Sieb geben und mit heißem Wasser gut waschen. Koriander waschen und samt Stängel und – falls vorhanden – Wurzeln fein hacken.
2. Die Reisnudeln nach Packungsanleitung bissfest kochen, in ein Sieb abgießen und kalt abschrecken.
3. Den Wok erhitzen, das Sesamöl hineingeben und darin erhitzen. Knoblauch, Ingwer und Chili anbraten, das vorbereitete Gemüse, außer Spinat, hinzufügen und unter ständigem Wenden einige Minuten bei mäßiger Hitze braten. Spinat zugeben und weiter braten, bis der Spinat zusammenfällt. Das dauert insgesamt etwa 8 Minuten.
4. Reisnudeln zugeben, mit Tamari und Pfeffer abschmecken. Mit Koriander bestreut servieren.

♥ **TIPP:** *Wenn Sie schwarze Reisnudeln bekommen können, probieren Sie sie bei diesem Gericht einmal aus: Sie schmecken kaum anders als helle Reisnudeln, machen aber jedes Gericht zu etwas ganz Besonderem. Beim Kochen nehmen die Nudeln dann eine dunkellila Farbe an. Schwarze Reisnudeln werden übrigens aus natürlich schwarzem Reismehl hergestellt.*

VEGGIE-GARTEN-PIZZA

gl

Alles, was Markt und Garten bieten, passt auf diese Pizza – und sie schmeckt, mit Olivenöl beträufelt, auch mal ohne veganen Käse.

Für 1 Backblech (etwa 20 Stücke) Zubereitungszeit: **50 Minuten + 40 Minuten Backzeit**

Für den Pizzaboden:

500 g Dinkel- oder Weizenmehl, möglichst frisch gemahlen
4 EL Sojamehl
2 EL Kräutersalz
20 g frische Hefe (1/2 Würfel)
50 g vegane Margarine
2 EL Olivenöl
Oliven- oder Kokosöl für das Backblech

Für den Belag:

150 g Tomatenmark
2 EL Olivenöl
1,2 kg reife Strauchtomaten
Salz, frisch gemahlener Pfeffer
4 kleine Zucchini
300 g gemischte frische Pilze
3 Zwiebeln
3 Knoblauchzehen
2–3 Chilischoten
200 g veganer Käse
Olivenöl

1 Für den Teigboden die beiden Mehle und das Salz auf einer Arbeitsplatte mischen, die Hefe darüberbröckeln, die Margarine in Flöckchen darüberschneiden. 300 ml lauwarmes Wasser bereitstellen. Einige Esslöffel davon und das Olivenöl über das Mehl träufeln und unter allmählicher Zugabe von Wasser zu einem Teig kneten. Je nach Mehlbeschaffenheit brauchen Sie mehr oder weniger Wasser. Diesen Hefeteig brauchen Sie nicht gehen lassen, er wird dann besonders knusprig. Wollen Sie einen lockeren, fluffigen Boden, lassen Sie den Teig jetzt 30–60 Minuten zugedeckt gehen.

2 Ein Backblech fetten. Den Teig ausrollen und das Backblech damit auslegen, dabei einen kleinen Rand hochziehen. Tomatenmark und Olivenöl verrühren und auf dem Teigboden verteilen. Den Backofen auf 200 °C vorheizen.

3 Tomaten waschen, abtrocknen und in dicke Scheiben schneiden. Auf dem Teigboden verteilen, salzen und pfeffern. Zucchini waschen, in Scheiben schneiden und auf den Tomaten verteilen. Die Pilze mit einem Pinsel säubern, in dünne Scheiben schneiden und ebenfalls auf der Pizza verteilen.

4 Die Zwiebeln schälen und in Ringe schneiden. Knoblauch schälen und fein hacken. Chilischoten waschen und in Ringe schneiden. Zwiebeln, Knoblauch und Chili auf der Pizza verteilen. Wieder salzen und pfeffern. Käse in Scheiben schneiden und auf der Pizza verteilen. Die Pizza großzügig mit Olivenöl beträufeln und im Backofen etwa 40 Minuten backen.

❤ TIPPS:

- *Der Boden wird besonders knusprig, wenn Sie einen Teil des Weizenmehls (etwa 50–100 g) durch Maismehl ersetzen.*
- *Beim Belag für die Pizza variieren Sie nach Lust, Laune und Kühlschrankinhalt beziehungsweise je nachdem, was in Ihrem Garten gerade erntereif ist: Kürbis, Lauch, Stangensellerie, Mangoldstiele, Paprikaschoten und viele Gartenkräuter lassen die Pizza immer wieder ganz anders schmecken.*

POLENTA-PIZZA

gl

Eine gesunde Abwechslung zur Hefeteig-Pizza: Die Polenta ist ratzfatz fertig und lässt sich auch gut vorbereiten, sodass das Essen dann schnell auf dem Tisch steht.

Für eine Auflaufform von etwa 30 x 24 cm (3–4 Personen)
Zubereitungszeit: 40 Minuten + 25 Minuten Backzeit

Für den Pizzaboden:

½ l Gemüsebrühe
½ TL Oregano
Frisch gemahlener Pfeffer
125 g Polenta (Maisgrieß)
Olivenöl für die Form

Für den Belag:

1 Knoblauchzehe
1 kleine rote Zwiebel
150 g Karotten
1 Brokkoli (300 g)
1 kleine Fenchelknolle
400 g Fleischtomaten
4 EL Olivenöl
Je 1 gestrichener TL getrocknetes Basilikum, Oregano und Thymian
Salz, frisch gemahlener Pfeffer
5 EL Tomatenmark
Olivenöl zum Beträufeln

1 Backofen auf 200 °C vorheizen. Für die Polenta die Gemüsebrühe mit Oregano und Pfeffer zum Kochen bringen, die Polenta einrieseln lassen und unter ständigem Rühren 5 Minuten bei schwacher Hitze kochen lassen. 10 Minuten zugedeckt auf der kleinsten Flamme ziehen lassen. Die Herdplatte ausschalten und die Polenta noch etwas ausquellen lassen. Die Polenta in eine gefettete Auflaufform (etwa 30 x 24 cm) streichen und bis zum Gebrauch beiseitestellen.

2 Für den Belag Knoblauch schälen und fein hacken. Zwiebel schälen, halbieren und in halbe Ringe schneiden. Karotten waschen, putzen und in feine Scheiben schneiden. Brokkoli waschen und in Röschen teilen. Den Stiel schälen und fein würfeln. Fenchel waschen, den Strunk entfernen, die Knolle in feine Streifen schneiden. Tomaten waschen, den Stielansatz entfernen und das Fruchtfleisch in Würfel schneiden.

3 3 EL Olivenöl in einer hohen Pfanne erhitzen, Knoblauch und Zwiebel darin unter ständigem Wenden etwa 2 Minuten anbraten. Karottenscheiben, Brokkoli und Fenchel dazugeben und unter ständigem Wenden etwa 5 Minuten mitbraten. Tomaten untermischen und Gewürze zufügen. Etwa 5 Minuten unter gelegentlichem Wenden weiterbraten.

4 Tomatenmark mit 1 EL Olivenöl verrühren und auf den Polenta-Boden streichen. Das Gemüse darauf verteilen, mit etwas Olivenöl beträufeln und die Pizza im vorgeheizten Backofen etwa 20–25 Minuten backen.

FLAMMKUCHEN gl

Der beste Flammkuchen weit und breit – und der gesündeste überhaupt: mit Räuchertofu und reichlich Zwiebeln und Paprikastreifen belegt.

Für 1 Backblech oder 2 runde Flammkuchen à 25 cm Ø
Zubereitungszeit: 40 Minuten + 30 Minuten Gehzeit des Hefeteiges + 30 Minuten Backzeit

Für den Hefeteig:

1 Würfel Hefe (42 g)
2 TL Zucker
1 TL Meersalz
400 g Dinkelmehl, möglichst frisch gemahlen

Für den Belag:

350 ml Soja- oder Hafersahne
1 TL Paprikapulver, edelsüß
1 TL Meersalz
Frisch gemahlener Pfeffer
200 g Räuchertofu
1–2 rote Zwiebeln
1–2 Knoblauchzehen
1 Chilischote
1 rote Paprikaschote
3 EL Kapern
Pflanzenöl für das Backblech

1 240 ml handwarmes Wasser abmessen. Einige Esslöffel davon abnehmen und mit Hefe, Zucker und Salz verrühren. Die Mischung mit dem Mehl in eine Schüssel geben. Das restliche Wasser dazugeben und alles zu einem glatten Teig verkneten. Abgedeckt an einem warmen Ort etwa 30 Minuten gehen lassen.

2 In der Zwischenzeit den Backofen auf 240 °C vorheizen. Für den Belag Sojasahne mit Paprikapulver, Salz und Pfeffer verrühren. Den Räuchertofu in feine Streifen oder Würfel schneiden. Zwiebeln schälen und in halbe Ringe schneiden. Knoblauch schälen und fein hacken. Die Chilischote waschen und in feine Ringe schneiden. Paprikaschote waschen, entkernen und in Streifen schneiden.

3 Den Teig kurz durchkneten und auf einer bemehlten Arbeitsfläche ausrollen. Mithilfe eines großen runden Tellers oder eines Springformbodens (Ø 25 cm) zwei Kreise ausschneiden und auf ein gefettetes Backblech legen. Aus dem restlichen Teig zwei lange Würste rollen und diese als Rand um die Kreise legen und festdrücken. Oder den gesamten Teig ausrollen, das Backblech damit auslegen und einen Rand hochziehen.

4 Die Hälfte der Sahnemischung gleichmäßig auf dem Teig verteilen. Räuchertofu, Zwiebeln, Knoblauch, Chili, Paprika und Kapern darauf verteilen und mit dem Rest der Sahne begießen. Im Backofen etwa 25–30 Minuten backen.

♥ **TIPP:** *Noch knuspriger werden die Räuchertofuwürfel, wenn man sie in der Pfanne in etwas Öl 5 Minuten anbrät, bevor man sie auf den Flammkuchen streut.*

RISOTTO MIT FRÜHLINGSKRÄUTERN

dn

Nehmen Sie für das Risotto Ihre Lieblingskräuter – eine Sorte oder gemischt. Lassen Sie sich bei der Auswahl ganz von Ihren spontanen Gelüsten leiten: Die so gewählten Kräuter sind dann auch die richtigen.

Für 2–3 Personen Zubereitungszeit: **35 Minuten**

1 Frühlingszwiebel

ca. 100–150 g frische, zarte Kräuterblätter (s. Tipp)

Etwa 3/4 l Gemüsebrühe

8 EL Olivenöl

200 g Rundkornreis

1/8 l trockener Weißwein

Salz, frisch gemahlener Pfeffer

1 Messerspitze geriebene Muskatnuss

50 g Sojasahne nach Geschmack

1 Die Frühlingszwiebel waschen, putzen und fein hacken. Die Kräuter waschen und fein schneiden.

2 Die Brühe erhitzen und am Sieden halten. 1 EL Olivenöl in einem großen Topf mit schwerem Boden erhitzen, den ungewaschenen Reis zufügen und mit einem Holzlöffel umrühren. Der Reis darf jedoch nicht gebräunt werden. Die Hitze erhöhen und den Reis mit dem Wein ablöschen, dabei kräftig umrühren. Sobald die Flüssigkeit verdampft ist, etwa 1/8 l der heißen Brühe zugießen. Unter häufigem Umrühren kochen lassen. Immer wenn die Brühe aufgenommen ist, weitere Brühe nachgießen, bis der Reis gar ist, aber noch Biss hat. Gegen Ende der Garzeit, nach etwa 15–20 Minuten, ab und zu ein Körnchen probieren.

3 Während der Reis gart, in einem Topf 1 EL Olivenöl erhitzen und die Frühlingszwiebel darin andünsten. Die Kräuter zufügen und dünsten, bis sie zusammenfallen. Mit Salz, Pfeffer und geriebener Muskatnuss würzen und eventuell Sojasahne angießen. Sämig einkochen lassen.

4 Den gegarten Reis vom Herd nehmen und unter kräftigem Rühren das restliche Olivenöl unterziehen. Die Kräutermischung unterheben, das Risotto mit Salz abschmecken und servieren.

KICHERERBSEN-CURRY dn

Kichererbsen enthalten sehr viel wertvolles pflanzliches Eiweiß, dafür nimmt man die lange Kochzeit gern in Kauf. Bereiten Sie am besten gleich die doppelte Menge Kichererbsen zu, gekocht halten sie sich einige Tage im Kühlschrank.

Für 2 Personen Zubereitungszeit: **45 Minuten + 8 Stunden Einweichen + 1 Stunde Kochen**

150 g Kichererbsen, getrocknet
1/4 gelbe Paprikaschote (etwa 60 g)
120 g Spinat oder Mangold
3 EL Olivenöl
1 TL Senfkörner
1 TL Kurkuma
1 EL Tomatenmark
1/2 TL Currypulver
1/2 EL Zitronensaft
1/2 EL Agavendicksaft
300 ml Kokosmilch
1/8 l Mangosaft
Salz
Gemüsebrühe nach Bedarf

1. Die Kichererbsen über Nacht in Wasser einweichen, sodass sie gut bedeckt sind.
2. Am nächsten Tag in ein Sieb abgießen und unter fließendem Wasser abspülen. Mit frischem Wasser in einen Topf geben und darin mindestens 1 Stunde kochen, bis sie weich sind. In ein Sieb abgießen und beiseitestellen. In der Zwischenzeit Paprikaschote und Spinat waschen, putzen und fein schneiden.
3. Olivenöl in einem Topf erhitzen und die Senfkörner darin rösten, bis sie aufspringen (Vorsicht: Die Körner springen ziemlich hoch, am besten einen Deckel auflegen!). Alle Zutaten außer den Kichererbsen beigeben. Die Sauce etwa 10 Minuten kochen lassen, dann die Kichererbsen dazugeben und weitere 15 Minuten bei schwacher Hitze kochen lassen. Dabei ab und zu umrühren.
4. Mit Salz abschmecken, eventuell noch etwas Wasser oder Gemüsebrühe zugießen.

♥ **TIPP:** *Dazu passt gekochter Reis oder Fladenbrot.*

ROTE-LINSEN-KOKOS-CURRY

dn

Wenn Sie direkt vor der Zubereitung des Currys den Reis zum Kochen aufsetzen, steht in einer knappen halben Stunde eine vollständige vegane Mahlzeit auf dem Tisch.

Für 2 Personen Zubereitungszeit: **20 Minuten**

- 1½ EL Rapsöl
- 150 g rote Linsen
- ½ EL Currypulver
- 300 ml Gemüsebrühe
- Salz, frisch gemahlener Pfeffer
- 100 g Karotten
- 100 g Zucchini
- 200 ml Kokosmilch
- 50 g Kokosraspel + etwas Kokosraspel zum Bestreuen
- Korianderblättchen zum Bestreuen

1. In einem Topf 1 EL Öl erhitzen und die Linsen darin leicht andünsten. Currypulver einrühren und ¼ l Brühe zugeben. Die Linsen bei schwacher Hitze in etwa 10 Minuten bissfest garen. Mit Salz und Pfeffer abschmecken.
2. In der Zwischenzeit Karotten und Zucchini waschen, putzen und in Scheiben schneiden. Das restliche Öl in einem Topf erhitzen und die Karotten darin andünsten. Einige Esslöffel Kokosmilch zugeben und die Karotten etwa 5 Minuten zugedeckt dünsten lassen. Dann die Zucchinischeiben zugeben und beides in etwa 5 Minuten bissfest garen. Restliche Kokosmilch zugeben und aufkochen lassen. Korianderblättchen waschen und trocken tupfen. Das Gemüse mit Salz abschmecken, Kokosraspel unterrühren.
3. Die Gemüsemischung unter die Linsen rühren und mit Kokosraspeln und Korianderblättchen bestreut servieren.

♥ **TIPP:** *Dazu passt gedämpfter Basmatireis.*

KAROTTEN MIT KOKOS-CURRY-SAHNE AUS DEM WOK

gl

Karotten und Kokos sind eine unschlagbare Kombination – zusammen mit Ingwer und fernöstlichen Gewürzen eine schnell zubereitete Seelennahrung.

Für 2 Personen Zubereitungszeit: **35 Minuten**

- 1 Knoblauchzehe
- 1 Zwiebel
- 1 daumengroßes Stück Ingwer
- 1 Chilischote
- 6 Karotten (etwa 500 g)
- 1 Bund Petersilie
- 200 g Räuchertofu
- 250 g Reisnudeln
- 3 EL Bratöl oder Sonnenblumenöl
- 3 EL Sojasauce
- 3 EL Reiswein
- 150 g Kokossahne (ersatzweise Sojasahne oder Kokosmilch)
- 1 ½ TL Curry
- Meersalz, frisch gemahlener Pfeffer

1 Knoblauch, Zwiebel und Ingwer schälen. Knoblauch und Ingwer fein hacken, die Zwiebel in Ringe schneiden. Die Chilischote waschen, vom Stiel befreien und in feine Ringe schneiden. Die Karotten waschen, putzen und in dünne Scheiben schneiden. Die Petersilie waschen, trocken tupfen und fein hacken. Räuchertofu in dünne Scheiben, dann in Streifen und diese in Würfel schneiden.

2 Die Reisnudeln nach Packungsanleitung in kochendem Salzwasser mit einem Schuss Bratöl etwa 4 Minuten bissfest garen, abseihen und bis zum Gebrauch beiseitestellen.

3 Den Wok oder eine große Pfanne erhitzen. Restliches Öl hineingeben und erhitzen. Räuchertofu, Knoblauch, Zwiebel, Ingwer und Chili etwa 2 Minuten unter ständigem Wenden darin anbraten. Karotten zufügen, kurz mitbraten und mit Sojasauce und Reiswein ablöschen.

4 Kokossahne und Curry zugeben und die Karotten zugedeckt unter gelegentlichem Wenden etwa 10 Minuten leise kochen lassen, bis sie gar, aber noch bissfest sind. Petersilie und Reisnudeln untermischen, mit Salz und Pfeffer abschmecken und servieren.

KARTOFFELLAIBCHEN MIT TOMATEN

dn

So kommen Kartoffeln ganz edel daher:
als kleine, feine Häppchen, mit leuchtend rotem Tomaten-Topping
und duftenden Kräutern. Ein Sommeressen.

Für 2–3 Personen Zubereitungszeit: **55 Minuten**

- 600 g Kartoffeln
- Salz, frisch gemahlener Pfeffer
- Etwas geriebene Muskatnuss
- ½–1 EL Tomatenmark (oder ein Rest Tomatensauce)
- 2 mittelgroße Tomaten
- 2–3 EL Olivenöl
- ½ TL Oregano
- ½ TL getrocknete Minze oder ½ EL frische Minze
- Ölivenöl für das Blech

1 Die Kartoffeln waschen und in einem Topf mit kochendem Wasser in etwa 30 Minuten weich kochen. Noch heiß schälen und durch die Kartoffelpresse drücken. Die Masse mit Salz, Pfeffer und Muskat würzen und daraus etwa acht oder neun Laibchen formen. Den Backofen auf 180 °C vorheizen.

2 Ein Backblech mit Olivenöl einpinseln und die Laibchen daraufsetzen. Mit Tomatenmark bestreichen oder mit Tomatensauce beträufeln. Die Tomaten waschen und in Scheiben schneiden. Tomatenscheiben auf die Laibchen legen und mit etwas Olivenöl beträufeln. Die Laibchen mit Oregano, Minze, Salz und Pfeffer bestreuen. Im Backofen etwa 15 Minuten backen.

❤ **TIPP:** *Mit einem knackigen grünen Blattsalat werden die Laibchen zu einem feinen Mittagessen.*

BUCHWEIZENBRATLINGE MIT KRENPÜREE

Buchweizen enthält außerordentlich viel Eiweiß, ebenso wie Quinoa und Amarant. In würzigen Bratlingen essen ihn nicht nur Kinder gern. Die Bratlinge schmecken übrigens – mit Salatblatt und Tomatenscheiben – auch kalt im Burgerbrötchen.

Für 2 Personen Zubereitungszeit: **60 Minuten**

Für die Buchweizenbratlinge:
- 1 EL vegane Margarine
- 100 g Buchweizen
- 1/4 l kräftige Gemüsebrühe
- 2 EL Erbsen (TK)
- 2 kleine Karotten
- 1 kleine Zwiebel
- 1 Knoblauchzehe
- 1/2 Bund Petersilie
- 50 g Räuchertofu
- 1/2 TL Berbere (scharfe Gewürzmischung, Bioladen)
- Je 1/2 TL gemahlener Koriander und gemahlener Kreuzkümmel
- 2 TL Pfeilwurzelmehl (ersatzweise Maisstärke)
- Etwa 3–5 EL Semmelbrösel
- Salz, frisch gemahlener Pfeffer
- Olivenöl zum Anbraten

1 Margarine in einem mittelgroßen Topf zerlassen und den Buchweizen darin anschwitzen, bis er rundherum von Fett überzogen ist. Mit der Gemüsebrühe aufgießen, aufkochen und zugedeckt etwa 30 Minuten bei schwacher Hitze ausquellen lassen.

2 In der Zwischenzeit für das Krenpüree die Kartoffeln schälen, in grobe Stücke schneiden und in einem Topf mit reichlich Salzwasser und dem Kümmel in etwa 30 Minuten weich kochen.

3 Für die Bratlinge die Erbsen auftauen lassen. Karotten schälen und grob raspeln. Zwiebel und Knoblauch schälen und fein hacken. In einer Pfanne etwa 2 EL Olivenöl erhitzen, Zwiebel und Karotten unter Rühren darin anbraten und zum Schluss kurz den Knoblauch mitbraten. Das Gemüse beiseitestellen.

4 Die Petersilie waschen, trocken schütteln und fein hacken. Den Räuchertofu klein schneiden und fein pürieren. Buchweizen mit dem gerösteten Gemüse, Tofu und Erbsen in einer Schüssel vermischen. Gewürze, Petersilie und Pfeilwurzelmehl untermischen. So viele Semmelbrösel zugeben, bis eine formbare Masse entsteht. Mit Salz und Pfeffer abschmecken. Aus der Masse etwa acht Bratlinge formen und auf einen mit Semmelbröseln bestreuten Teller legen.

Für das Krenpüree:

300 g mehlig kochende Kartoffeln

Salz

½ TL Kümmelsamen

125 g Hafersahne

Geriebene Muskatnuss

1–2 EL frisch geriebener Meerrettich (Kren)

5 Für das Püree die Hafersahne mit etwas geriebener Muskatnuss aufkochen. Die gegarten Kartoffeln abgießen und mit einem Kartoffelstampfer zerdrücken oder durch die Kartoffelpresse drücken. Die heiße Hafersahne mit einem Schneebesen einrühren und den Meerrettich unterziehen. Das Püree warm stellen.

6 Die Bratlinge in etwas Olivenöl von beiden Seiten goldgelb braten und mit dem Krenpüree servieren.

KÜRBIS-PILZ-GULASCH bc

Mit frischen Steinpilzen aus dem Wald liefert dieses deftige Herbst-Gulasch jede Menge Vitamin B12.

Für 2–3 Personen Zubereitungszeit: **40 Minuten**

- 400 g festes Kürbisfleisch, geputzt gewogen (am besten Hokkaido oder Butternuss)
- 200 g kleine Steinpilze (ersatzweise Champignons oder Egerlinge)
- 1 große Zwiebel
- 1 Knoblauchzehe
- 2–3 EL Pflanzenöl
- 2 TL Tomatenmark
- 1 Schuss milder Essig oder trockener Weißwein
- Salz, frisch gemahlener Pfeffer
- ½ TL gemahlener Kümmel
- 200 ml Gemüsebrühe
- 2 TL Paprikapulver, edelsüß
- ½ TL getrockneter Majoran
- ¼ unbehandelte Zitrone

1 Das Kürbisfleisch in 2 Zentimeter große Würfel schneiden. Die Pilze putzen und halbieren, Zwiebel schälen und in grobe Würfel schneiden. Knoblauch schälen.

2 In einem Topf das Öl erhitzen und die Zwiebeln anrösten. Tomatenmark zufügen, Knoblauch durch die Knoblauchpresse dazu drücken, durchrösten und mit Essig oder Wein ablöschen. Etwa 300 ml Wasser zugießen. Das Zwiebelgemisch mit Salz, Pfeffer und Kümmel würzen und etwa 10 Minuten dünsten. Vom Herd ziehen, mit dem Stabmixer pürieren und wieder zurück auf den Herd stellen.

3 Gemüsebrühe, Kürbis, Paprikapulver, Majoran und Zitrone zugeben, gut umrühren und kochen lassen. Nach etwa 10 Minuten die Pilze unterrühren und das Gulasch weiter leise kochen lassen. Der Kürbis soll noch bissfest sein. Die Zitrone entfernen und das Gulasch noch einmal mit Salz, Pfeffer und eventuell etwas Essig abschmecken.

♥ **TIPPS:**

- *Probieren Sie zwischendurch immer wieder ein Stückchen Kürbis – er sollte nicht zu weich werden, sondern noch Biss haben! Als Beilage schmeckt frisches Brot.*
- *Wenn man Zwiebel und Knoblauch vermeiden möchte, ersetzt man diese durch dieselbe Menge Wurzelgemüse (Karotten, Petersilienwurzel, Knollensellerie), würfelt es und röstet es wie die Zwiebel.*

GEMÜSELINSEN MIT SERVIETTENKNÖDEL

bc

Ganz ohne Ei gelingt der Serviettenknödel und schmeckt mit den bunten Linsen wie bei Großmutter am Küchentisch.

Für 2 Personen Zubereitungszeit: **1 Stunde 35 Minuten + 8 Stunden Einweichen**

Für die Gemüselinsen:

200 g braune Linsen
1 kleine Zwiebel
1 Knoblauchzehe
100 g Karotten
50 g Fenchel
1 Stängel Staudensellerie
1 Schuss trockener Weißwein
½ TL grob gestoßener schwarzer Pfeffer
1 Lorbeerblatt
Einige Stängel frisches Bohnenkraut (oder ½ TL getrocknet)
½ TL Berbere (scharfe Gewürzmischung, Bioladen)
½ TL grob gestoßener Piment
1 TL Salz
50 g Räuchertofu
1 kleiner Schuss Essig zum Abschmecken
Pflanzenöl zum Anbraten

1 Die Linsen über Nacht in kaltem Wasser einweichen.

2 Für den Serviettenknödel das Weißbrot in Würfel schneiden und in eine große Schüssel geben. Petersilie waschen, trocken tupfen und fein hacken. Mit Muskat, Kurkuma und Salz zum Weißbrot geben. Hafersahne mit 150 ml Wasser mischen und über die Semmelwürfel gießen. Den Knödelteig mit den Händen gut verkneten und zum Ziehen beiseitestellen.

3 In der Zwischenzeit Zwiebel und Knoblauch schälen und fein hacken. Karotten, Fenchel und Sellerie putzen und in kleine Würfel schneiden. Etwas Öl in einem Topf erhitzen. Die Zwiebel darin anschwitzen, das Gemüse dazugeben, leicht anrösten und den Knoblauch zufügen. Mit einem Schuss Weißwein ablöschen.

4 Die Linsen abseihen, kurz abbrausen und zum Gemüse geben. Mit 800 ml Wasser aufgießen. Pfeffer, Lorbeerblatt, Bohnenkraut, Berbere und Piment zufügen und etwa 1 Stunde leise kochen lassen, bis die Linsen weich sind. Salz unterrühren.

5 Pfeilwurzelmehl, Kichererbsenmehl und Backpulver unter den Knödelteig kneten. Ein 60 cm großes Stück Bratfolie auf der Arbeitsfläche ausbreiten. Die Knödelmasse daraufhäufen, zu einer Rolle formen und in die Folie einrollen. Die Enden zudrehen, mit Küchengarn zubinden und die Folie mit einer Gabel mehrmals einstechen. In einem großen Topf Wasser zum Kochen bringen und den Serviettenknödel einlegen. Etwa 20 Minuten leise kochen und weitere 20 Minuten auf der abgeschalteten Platte ziehen lassen.

6 In der Zwischenzeit den Tofu in Würfel schneiden und in einer Pfanne in etwas Öl anbraten.

Für den Serviettenknödel:

200 g Weißbrot oder Brötchen vom Vortag

½ Bund Petersilie

Je 1 Prise geriebene Muskatnuss und gemahlener Kurkuma

Salz

125 g Hafersahne

1 TL Pfeilwurzelmehl (oder Maisstärke)

1 TL geröstetes Kichererbsenmehl (siehe Tipp)

1 TL Weinsteinbackpulver

Bratfolie

7 Die Linsen mit Salz und Essig abschmecken und für eine sämige Konsistenz mit dem Stabmixer einen kleinen Teil davon pürieren. Den gebratenen Tofu einrühren. Den Serviettenknödel aus dem Wasser heben, von der Folie befreien und in Scheiben schneiden. Mit den Linsen anrichten.

TIPPS:

- *Dazu passt ein frischer Blattsalat.*
- *Wir verwenden geröstetes Kichererbsenmehl, weil es nicht bläht. Dafür einfach die benötigte Menge Kichererbsenmehl in einer Pfanne ohne Fett rösten, bis es duftet – dabei ständig umrühren.*
- *Auch wenn Sie nur zu zweit sind – kochen Sie gleich die Menge für vier Personen. Das Gericht lässt sich am nächsten Tag sehr gut aufwärmen. Dann bereiten Sie zwei Knödelrollen zu. Den restlichen Serviettenknödel am besten in Scheiben geschnitten in etwas Pflanzenöl anbraten.*

SELLERIE IN KAPERNSAUCE MIT CHAMPIGNON-KRÄUTER-REIS

bc

Mit leichter Weißweinsauce und Pilzreis kommt die Sellerieknolle für Feinschmecker auf den Teller. Sie wirkt reinigend und stärkend auf den Körper und enthält besonders viele Antioxidantien.

Für 2 Personen Zubereitungszeit: **40 Minuten + 1 Stunde Kochzeit**

Für die Selleriescheiben:

400 g Knollensellerie

Saft und Schale von ½ unbehandelten Zitrone

1 kleine Zwiebel

2 EL Kapern

½ EL Mehl (Type 550)

2 EL trockener Weißwein

½ TL Dijonsenf

Salz, frisch gemahlener Pfeffer

125 g Sojasahne

½ Bund Petersilie

Pflanzenöl zum Anbraten

Für den Champignon-Kräuter-Reis:

150 g Basmati-Vollkornreis

125 g Champignons

1 kleine Zwiebel

1 Zweig Rosmarin

½ Bund Petersilie

1 EL vegane Margarine

Salz

1. Den Reis mit 300 ml Wasser in einem Topf aufkochen lassen und auf kleinster Flamme etwa 1 Stunde ausquellen lassen.
2. In der Zwischenzeit den Sellerie schälen und in vier knapp 1 cm dicke Scheiben schneiden. In einen Topf legen, mit Zitronensaft beträufeln und so viel Wasser zufügen, dass die Scheiben gut bedeckt sind. Zum Kochen bringen und den Sellerie in etwa 10 Minuten bissfest kochen. In ein Sieb abgießen und das Kochwasser auffangen.
3. Die Zwiebel schälen und mit den Kapern fein hacken. 2 EL Öl in einem Topf erhitzen, Zwiebel und Kapern darin andünsten. Mehl darüberstäuben, kurz durchrösten und mit Weißwein und ¼ l Kochwasser ablöschen. Mit Senf, Zitronenschale, Salz und Pfeffer würzen. Unter Rühren cremig einkochen lassen. Sojasahne einrühren, noch einmal abschmecken und die Selleriescheiben in die Sauce legen. Warm stellen.
4. Für den Reis Champignons putzen, die Zwiebel schälen und beides fein würfeln. Rosmarinnadeln abzupfen und fein hacken, die Petersilie für die Selleriescheiben und die für den Reis waschen, trocken tupfen und fein hacken.
5. In einer Pfanne die vegane Margarine erhitzen und die Zwiebel darin anschwitzen, Champignons dazugeben und unter Wenden anbraten. Salz, Rosmarin und die Hälfte der Petersilie dazugeben. Den gegarten Reis zu der Zwiebel-Champignon-Mischung geben.
6. Die Selleriescheiben mit der restlichen Petersilie bestreuen und mit dem Reis anrichten.

STEINPILZKNÖDEL dn

Die Semmelknödel mit Steinpilzen schmecken fein mit einem bunten Salat oder in sahniger Kräutersauce.

Für 2–3 Personen Zubereitungszeit: **55 Minuten**

150 g feste Steinpilze (ersatzweise Egerlinge)
1 EL kalt gepresstes Olivenöl
Salz, frisch gemahlener Pfeffer
1 mittelgroße Zwiebel
2 EL gehackte Petersilie
250 g Brötchen vom Vortag
1 EL Sojamehl
1 EL Weizenmehl
Geriebene Muskatnuss
50 g vegane Butter
Etwa 220 ml Hafer- oder Sojadrink

1 Die Steinpilze putzen und in etwa 1 cm große Stücke schneiden. Das Olivenöl in einer Pfanne erhitzen und die Steinpilzwürfel kurz scharf anbraten, mit Salz und Pfeffer würzen und herausnehmen. Die Zwiebel schälen, fein hacken und in der Pfanne anrösten. Die Petersilie untermischen.

2 Die Brötchen in 1 cm große Würfel schneiden. Mit Steinpilzen und Zwiebeln in eine Schüssel geben. Sojamehl, Weizenmehl, etwas Muskatnuss und Salz dazugeben.

3 Die vegane Butter in einem Topf schmelzen, den Haferdrink darin erwärmen und über die Brötchen-Pilz-Masse gießen. Mit einem Kochlöffel vermischen, mit der Hand durchkneten und 15 Minuten quellen lassen.

4 In einem großen Topf Wasser zum Kochen bringen und salzen. Mit nassen Händen aus der Masse kleine Knödel formen, in das siedende Wasser einlegen und 15 Minuten im schwach kochenden Wasser ziehen lassen. Mit einem Schaumlöffel herausnehmen und servieren.

♥ **TIPP:** *Wer sichergehen will, dass die Knödel gut zusammenhalten, gart sie in Klarsichtfolie: Dafür jeden Knödel in ein Stück Folie eindrehen, die Folie mit der Gabel einige Male einstechen und die Knödel nach Rezept im Wasser garen.*

SCHWÄBISCHE SAUERKRAUT-SPÄTZLE

gl

Schwäbische Spätzle ohne Ei – das geht, wie dieses Rezept beweist. Eine Prise Gelbwurz färbt sie appetitlich. Mit deftig gewürztem Sauerkraut ein Wohlfühlessen aus der Kinderzeit.

Für 2 Personen Zubereitungszeit: **45 Minuten**

100 g Hartweizengrieß
100 g Spätzlemehl
1½ TL Pfeilwurzelmehl
Meersalz
¼ TL Kurkuma
Etwa 2 EL Bratöl
250 g frisches Sauerkraut
1 rote Zwiebel
100 g Räuchertofu
½ Bund Petersilie
3 Wacholderbeeren
Etwa ⅛ l Weißwein oder Gemüsebrühe
½ TL Paprikapulver, edelsüß
1 Lorbeerblatt
1 EL Tomatenmark
4 EL Hafer- oder Sojasahne
Frisch gemahlener Pfeffer

1 Für die Spätzle Grieß mit Mehl, Pfeilwurzelmehl, ½ TL Salz und Kurkuma mischen. Nach und nach etwa ¼ l Wasser unterrühren, bis ein zähfließender Teig entsteht. Den Spätzleteig gut durchschlagen und mindestens 10 Minuten ruhen lassen. In einem großen Topf reichlich Salzwasser mit einem Spritzer Öl zum Kochen bringen.

2 Den Teig in eine Spätzlepresse geben und in das kochende Salzwasser drücken. Die Spätzle, sobald sie an die Oberfläche steigen, mit der Schaumkelle herausfischen und in eine vorgewärmte Porzellanschüssel geben, bis alle Spätzle fertig sind. Warm stellen.

3 Sauerkraut eventuell mit einem Messer etwas feiner schneiden. Zwiebel schälen und fein hacken, Räuchertofu in kleine Würfel schneiden. Petersilie waschen, trocken tupfen und fein hacken. Die Wacholderbeeren im Mörser grob zerstoßen.

4 Das restliche Bratöl in einer Pfanne erhitzen und die Zwiebel mit dem Räuchertofu etwa 5 Minuten scharf anbraten. Mit Weißwein ablöschen, Paprikapulver darüberstäuben, Sauerkraut, Wacholderbeeren, Lorbeerblatt und Tomatenmark untermengen. Das Sauerkraut etwa 10–15 Minuten leise kochen lassen.

5 Die Sahne zugeben, mit Salz und Pfeffer abschmecken. Die Spätzle untermengen, noch einmal kurz erhitzen und mit der Petersilie bestreut servieren.

SPITZKRAUTWICKEL MIT SEITAN UND TOMATENRAGOUT

dn

Spitzkraut ist der feinere Bruder von Weißkraut, verfügt aber über die gleichen wertvollen Inhaltsstoffe wie alle Kohlgemüse: mehr Vitamin C als Zitronen, jede Menge Antioxidantien, Folsäure und B-Vitamine.

Für 2 Personen Zubereitungszeit: **1 Stunde 10 Minuten**

Für die Spitzkrautwickel:

- 1 kleiner Kopf Spitzkraut (etwa 500 g)
- 100 g Seitan
- 100 g Dinkel- oder Buchweizenmehl
- ½ TL Dijonsenf
- ½ TL Kurkuma
- Salz, frisch gemahlener Pfeffer
- Geriebene Muskatnuss
- Rapsöl zum Einpinseln
- 100–150 ml Gemüsebrühe

Für das Tomatenragout:

- 1 EL Olivenöl
- 1 Schalotte
- 200 g Tomatenstückchen (Dose)
- Je ½ TL getrockneter Oregano und frischer oder getrockneter Thymian
- Salz, frisch gemahlener Pfeffer

1. In einem großen Topf Wasser zum Kochen bringen. 6 oder 8 große Spitzkrautblätter vom Strunk ablösen, kurz in das kochende Wasser tauchen und in einem Sieb mit kaltem Wasser abbrausen. Abtropfen lassen und eventuell zu dicke Mittelrippen weich klopfen.
2. Für die Fülle den restlichen Krautkopf waschen und klein schneiden. Seitan auf einer groben Reibe raspeln. Mit Mehl, Senf und Kurkuma zum Kraut geben, vermischen und mit Salz, Pfeffer und Muskat würzen. Die Füllung auf den blanchierten Spitzkrautblättern verteilen, jeweils die Seiten nach innen klappen und die Wickel aufrollen. Mit Küchengarn verschnüren.
3. Den Backofen auf 180 °C vorheizen. Die Rouladen rundherum mit Rapsöl einpinseln und in eine feuerfeste Form legen. Die Hälfte der Gemüsebrühe angießen und die Rouladen im Backofen etwa 30 Minuten schmoren, nach 15 Minuten die restliche Brühe zugeben.
4. In der Zwischenzeit für das Ragout das Öl in einem kleinen Topf erhitzen. Die Schalotte schälen, fein hacken und im heißen Öl andünsten. Tomaten und Gewürze zugeben und 7 Minuten leise kochen lassen.
5. Die Rouladen auf dem Tomatenragout anrichten.

❤ **TIPP:** *Statt Spitzkraut können Sie natürlich ebenso Weißkraut oder Wirsing verwenden. Dann aber die äußeren dicken, dunklen Blätter nicht verwenden.*

WIENER SCHNITZEL

gl

Schmeckt wie Schnitzel, nur besser – das ist die häufigste Reaktion bei unseren Vegan-Schnitzel-Verkostern. Probieren Sie's aus!

Für 2 Personen Zubereitungszeit: **15 Minuten**

- 200 g Seitan
- 3 EL Speisestärke (Maisstärke oder Kuzu)
- ¼ TL Paprikapulver, edelsüß
- ¼ TL getrockneter Thymian
- Meersalz, frisch gemahlener Pfeffer
- Etwa 1 Tasse Dinkel-Semmelbrösel
- Kokosöl zum Ausbacken
- 1 Zitrone zum Servieren

1. Seitan in etwa ½ cm dicke Scheiben schneiden. Speisestärke mit 6 EL kaltem Wasser anrühren oder in einem Glas mit Schraubdeckel aufschütteln. Paprika, Thymian, wenig Salz und Pfeffer untermischen und in eine kleine Schüssel geben. Semmelbrösel in einen tiefen Teller füllen.
2. Seitan-Schnitzel zuerst in der Speisestärke-Mischung, dann in Semmelbröseln wenden. Wer die Panade dicker möchte, kann den Vorgang wiederholen.
3. Das Kokosöl in einer Pfanne erhitzen und die Schnitzel auf beiden Seiten goldbraun braten. Mit Zitronenscheiben servieren!

TIPP: *In das Speisestärke-Gemisch kann man auch einen Ei-Ersatz (Reformhaus) geben. Dazu 1 EL Ei-Ersatz-Pulver und 40 ml Wasser mit dem Pürierstab verrühren und unter die Speisestärke-Mischung geben. Das macht die Panade noch dicker und knuspriger!*

SOJA-GEMÜSE-SCHNITZEL

dn

Viel Gemüse versteckt sich in diesem Schnitzel mit klein gehacktem Soja. Lecker im Burgerbrötchen oder mit Krenpüree (Seite 94).

Für 2 Personen Zubereitungszeit: 35 Minuten + 1 Stunde Einweichzeit

100 g getrocknete Sojawürfel (kein Granulat)

100 g Gemüse und Kräuter der Saison (z. B. Suppengrün, Petersilie, Paprikaschoten)

75 g Vollkornmehl

Salz, frisch gemahlener Pfeffer

Kalt gepresstes Olivenöl

1 Die Sojawürfel in ½ l heißem Wasser eine Stunde lang einweichen. Abgießen, ausdrücken und wie richtiges Fleisch fein hacken oder durch den Fleischwolf drehen. Kräuter und Gemüse waschen, putzen und fein schneiden. Zu der Sojamasse geben.

2 ⅛ l Wasser zum Kochen bringen und das Vollkornmehl ganz schnell einrühren. Dieses Bindemittel mit der gehackten Sojamasse, Salz und Pfeffer vermengen und mit den Händen (Vorsicht, die Masse kann noch heiß sein!) fest kneten, bis der Teig bindet.

3 Aus dieser Masse ½–1 cm dicke Schnitzel formen und in Olivenöl von beiden Seiten braten.

BŒUF STROGANOFF gl

Den Seitan-Schnetzeln in sahniger Sauce verleihen Gewürzgurken und Senf eine dezente Säure – zusammen mit Kartoffelgratin ein veganes Festessen.

Für 2 Personen Zubereitungszeit: **30 Minuten**

- 200 g Seitan
- 4 EL Bratöl
- 1 EL Sojasauce
- Salz, frisch gemahlener Pfeffer
- 1 TL Paprikapulver, edelsüß
- 1 Zwiebel
- 1 Knoblauchzehe
- 100 g Shiitake-Pilze (ersatzweise Champignons)
- 3 Gewürzgurken
- 1 EL Tomatenmark
- 1 EL Mehl
- 350 ml Gemüsebrühe
- 150 g Hafersahne
- 1 TL mittelscharfer Senf
- ½–1 TL Ahornsirup
- 25 ml Gurkenwasser
- Saft von ½ Zitrone

1 Seitan in mundgerechte Streifen schneiden und in 2 EL Bratöl in einer Pfanne von allen Seiten scharf anbraten. Mit Sojasauce, Salz, Pfeffer und Paprikapulver würzen, in eine Schüssel füllen und beiseitestellen.

2 Zwiebel und Knoblauch schälen und fein hacken. Pilze säubern und in feine Scheiben schneiden. Gewürzgurken in Streifen schneiden. Restliches Bratöl in der Pfanne erhitzen und Zwiebeln, Knoblauch und Pilze darin leicht anbraten. Tomatenmark dazugeben und kurz anrösten, Mehl darüberstäuben und kurz anschwitzen. Mit der kalten Gemüsebrühe nach und nach ablöschen und aufkochen lassen. Hafersahne und Senf einrühren.

3 Gewürzgurken und Seitan in die Sauce geben. Bei schwacher Hitze die Sauce etwas einkochen lassen und mit Ahornsirup, Gurkenwasser, Zitronensaft, Salz und Pfeffer abschmecken.

♥ TIPP: *Dazu schmeckt* ***Kartoffelgratin****. Dafür 350 g Kartoffeln schälen und in etwa 2 mm dicke Scheiben schneiden. 2 Knoblauchzehen schälen und fein hacken. 200 g Hafersahne in einem Topf aufkochen. Kartoffelscheiben und Knoblauch hineingeben, mit Salz, Pfeffer und Muskatnuss würzen. Die Kartoffeln unter häufigem Rühren in etwa 7–8 Minuten bissfest kochen. In der Zwischenzeit den Backofen auf 250 °C Ober-/Unterhitze vorheizen. Die Kartoffelmasse in eine gefettete Auflaufform einfüllen und im Ofen 10–15 Minuten backen.*

VEGANES GYROS gl

Gyros aus eiweißreichem Lupinenvleisch mit Tsatsiki und dazu frisches Fladenbrot – das schmeckt wie im Urlaub und steht in einer halben Stunde auf dem Tisch.

Für 2 Personen Zubereitungszeit: **20 Minuten**

200 g Lupinen-Filet (ersatzweise Seitan)
1 Chilischote
1 rote Zwiebel
1 Knoblauchzehe
1 kleine rote Paprikaschote
2–3 EL Bratöl
Meersalz, frisch gemahlener Pfeffer
2 EL Sojasauce
2 EL Reiswein (nach Belieben)

1 Lupinen-Filet in feine Schnetzel schneiden.
2 Chilischote waschen und in feine Ringe schneiden. Zwiebel und Knoblauch schälen, Zwiebel in halbe Ringe schneiden, Knoblauch sehr fein hacken. Paprikaschote waschen, putzen und in feine Streifen schneiden.
3 Das Bratöl in einer Pfanne erhitzen. Chili, Zwiebel und Knoblauch kurz darin anbraten. Sojafleisch zugeben und bei mittlerer Hitze etwa 5 Minuten unter ständigem Wenden anbraten. Paprikastreifen hinzufügen und weitere 3–4 Minuten anbraten. Salzen und kräftig pfeffern. Sojasauce und Reiswein zugeben und 2 Minuten ziehen lassen.

♥ **TIPP:** *Dazu passt am besten selbst gemachtes veganes Tsatsiki (siehe Tipp Seite 52).*

gl

SEITAN MIT BUSCHBOHNEN AUF THAILÄNDISCHE ART

Seitan ist zum Kurzbraten am besten geeignet – ideal für den Wok und für die schnelle Küche.

Für 2 Personen Zubereitungszeit: **30 Minuten**

- 250 g Buschbohnen
- 200 g Seitan
- 2–3 Schalotten
- 1 Knoblauchzehe
- 1 scharfe Chilischote
- 1 rote Paprikaschote
- ½ Bund Koriandergrün (nach Belieben)
- 2 EL Sesamöl
- 4–5 EL Tamari (japanische Sojasauce)
- 1½ TL Reismalz oder Vollrohrzucker
- 2 TL vegane Thai-Paste oder Curry-Paste
- 1½ TL Limettensaft

1 Buschbohnen waschen und die Enden wegschneiden. Die Bohnen in mundgerechte Stücke schneiden. Seitan abtropfen lassen und in mundgerechte Stücke schneiden. Schalotten und Knoblauch schälen und fein hacken. Chilischote waschen und in feine Ringe schneiden. Paprikaschote waschen, putzen und in Streifen schneiden. Koriander waschen, trocken tupfen und Blättchen abzupfen.

2 Den Wok erhitzen, das Sesamöl hineingeben und erhitzen. Zwiebel, Knoblauch und Chilischote kurz anbraten, Seitan und Bohnen zufügen und unter ständigem Wenden anbraten. Mit Tamari ablöschen. Reismalz, Thai-Paste und Limettensaft unterrühren. Bei mittlerer Hitze und unter ständigem Wenden etwa 5 Minuten braten. Paprikastreifen zugeben und etwa 3 Minuten mitbraten. Die Gesamtbratzeit beträgt etwa 15 Minuten, sodass die Bohnen gar, aber noch bissfest sind.

3 Auf zwei Teller verteilen und mit Koriander bestreut servieren.

TIPPS:

- *Perfekt mit frisch gedämpftem Basmatireis!*
- *Achten Sie darauf, dass die Bohnen ausreichend gegart sind, sie gehören zu den wenigen Gemüsen, die man nicht roh verzehren sollte.*

RAGOUT MIT WEISSEN BOHNEN UND SALBEI

gl

Unschlagbar ist diese Kombination aus weißen Bohnen, Tomaten und Salbei – ideal ergänzen sich hier pflanzliches Eiweiß mit Vitaminen, Radikalfängern und wohltuenden Würzkräutern.

Für 2–3 Personen
Zubereitungszeit: 30 Minuten + 12 Stunden Einweichzeit der Bohnen + 1 Stunde Kochzeit der Bohnen

200 g getrocknete weiße Bohnen
1 frisches Kräutersträußchen (z. B. Rosmarin, Thymian, Majoran, Oregano, Lorbeer, Bohnenkraut, Petersilie)
75 g Trocken-Soja-Würfel
Etwa ½ l Gemüsebrühe
1 große rote Zwiebel
1 Knoblauchzehe
½ Chilischote
3 vollreife Tomaten
3 EL Olivenöl
1 TL Mehl
1 EL Tomatenmark
200 ml Weißwein
12 Salbeiblätter
½ TL abgeriebene Schale einer unbehandelten Zitrone
Salz, frisch gemahlener Pfeffer

1. Bohnen 12 Stunden in kaltem Wasser einweichen. Abgießen und in einem Topf mit reichlich frischem Wasser kurz aufkochen, abgießen und abspülen. Die Bohnen wieder mit frischem Wasser bedecken, das Kräutersträußchen hinzufügen, erneut zum Kochen bringen. Etwa 1 Stunde bei schwacher Hitze kochen lassen. Abseihen, dabei 1 Tasse Bohnenwasser auffangen. Das Kräutersträußchen entfernen und die Bohnen gut abtropfen lassen.
2. Während die Bohnen kochen, die Sojawürfel in ½ l Gemüsebrühe aufkochen und 10 Minuten ziehen lassen. Abseihen, die Gemüsebrühe auffangen und die Sojawürfel gut abtropfen lassen. Zwiebel und Knoblauch schälen und fein hacken. Chilischote waschen und in feine Ringe schneiden. Die Tomaten mit kochendem Wasser übergießen und häuten. In Würfel schneiden, den Stielansatz entfernen.
3. Das Olivenöl in einer hohen Pfanne erhitzen, Zwiebel, Knoblauch und Chili kurz anbraten, Sojawürfel zufügen und unter ständigem Wenden etwa 3–4 Minuten Farbe annehmen lassen. Mit Mehl bestäuben, Tomatenmark und Weißwein zufügen und 2 Minuten kochen lassen.
4. Tomaten, Salbei, gekochte Bohnen und Zitronenschale untermengen und etwa 10 Minuten kochen lassen. Bei Bedarf etwas Bohnenwasser oder Brühe zugießen. Mit Salz und Pfeffer abschmecken und in tiefen Tellern servieren.

TIPPS:

- *Wenn Sie bereits gegarte Bohnen aus dem Glas benutzen, verkürzt sich die Zubereitungszeit erheblich. Dann brauchen Sie etwa 400 g weiße Bohnen.*
- *Statt getrocknetem Sojafleisch können Sie hier auch in Schnetzel geschnittenes Lupinen-Filet oder Seitan verwenden. Diese müssen aber in Schritt 2 nicht eingeweicht und aufgekocht werden.*

SPAGHETTI SOJANESE gl

Auf die beliebten Spaghetti Bolognese muss kein Veganer verzichten – mit veganem Vleisch in der Sauce schmecken sie mindestens genauso gut.

Für 2 Personen Zubereitungszeit: **35 Minuten**

- 75 g Sojagranulat
- ½ l Gemüsebrühe
- 400 g reife Tomaten
- 1 Zwiebel
- 1 Knoblauchzehe
- 1 rote Chilischote
- 1 kleine Karotte
- 1 kleine Stange Lauch
- Meersalz
- 250 g Dinkel-Spaghetti
- 3 EL Olivenöl
- 1 Lorbeerblatt
- 3 EL Tomatenmark
- 10 schwarze Oliven
- 2 EL Kapern
- Frisch gemahlener Pfeffer
- ½ Bund frisches Basilikum

1. Das Sojagranulat in eine Schüssel geben, die Gemüsebrühe aufkochen und das Granulat damit übergießen. 5 Minuten ziehen lassen, abseihen, dabei die Gemüsebrühe auffangen. Die Sojawürfel abtropfen lassen.
2. Tomaten kreuzweise einschneiden, mit kochendem Wasser übergießen und 1 Minute ziehen lassen. Kalt abschrecken und häuten. Das Fruchtfleisch in kleine Würfel schneiden, den Stielansatz dabei entfernen. Zwiebel und Knoblauch schälen und fein hacken. Chilischote waschen und in feine Ringe schneiden. Karotte waschen, putzen und in sehr kleine Würfel schneiden. Lauch längs halbieren, waschen und schräg in feine Ringe schneiden.
3. In einem großen Topf reichlich Salzwasser zum Kochen bringen und die Spaghetti darin bissfest garen.
4. In der Zwischenzeit für die Sauce Olivenöl in einer Pfanne erhitzen, Zwiebel, Knoblauch und Chili darin etwa 2 Minuten unter Wenden anbraten. Das etwas ausgedrückte Sojagranulat, Karotten und Lauch hinzufügen und 5 Minuten unter ständigem Wenden mitbraten. Tomaten, Lorbeerblatt, Tomatenmark, Oliven und Kapern, Salz und Pfeffer hinzufügen und etwa 5 Minuten bei schwacher Hitze kochen lassen. Falls die Sauce zu dick ist, etwas Gemüsebrühe hinzufügen.
5. Basilikum waschen, trocken tupfen, die Blätter abzupfen und grob mit den Händen zerzupfen. Spaghetti mit der Sauce in tiefe Teller geben und mit Basilikum bestreut servieren.

KOCHEN FÜR FREUNDE

Und was koche ich für Gäste?, fragen sich viele Neu-Veganer.
Die Antwort ist dieses Kapitel. Vom feinen Festmahl für zwei bis zu Vegan-Food für das große Fest reichen die Vorschläge, die auch Nicht-Veganer in der Tischrunde begeistern werden.

GEFÜLLTE ARTISCHOCKEN

Schön anzusehen und gut vorzubereiten – die gefüllten Artischocken sind die ideale Vorspeise für ein feines Menü.

Für 2 Personen Zubereitungszeit: **15 Minuten + 45 Minuten Garzeit**

- 2 große Artischocken
- 200 g vollreife Cocktailtomaten
- 75 g altbackenes Weißbrot
- 2 Stängel frisches Basilikum
- Etwa 60 ml kalt gepresstes Olivenöl
- ½ EL Rotweinessig
- Salz, frisch gemahlener Pfeffer
- Etwas Zitronensaft

1. Die harten Blattspitzen der Artischocken großzügig abschneiden und die Außenblätter entfernen. Die Artischocken waschen, in einen Topf mit Dämpfeinsatz oder in ein Sieb legen, über einen Topf mit kochendem Wasser hängen und bei geschlossenem Deckel etwa 45 Minuten dämpfen.
2. In der Zwischenzeit die Tomaten waschen, vierteln und mit einer Gabel etwas zerdrücken. Das Weißbrot in 1 cm große Würfel schneiden. Basilikum waschen, die Blätter abzupfen und grob zerpflücken.
3. Olivenöl mit Essig, Salz und Pfeffer verrühren. Brotwürfel, Tomaten und Basilikum unterheben. Die Artischocken herausheben, etwa 5 Minuten abkühlen lassen und mit einem Esslöffel das stachelige Heu herauskratzen. Jede Artischocke mit etwas Zitronensaft beträufeln und mit der Brotmasse füllen. Mit etwas Olivenöl beträufelt lauwarm servieren.

GEFÜLLTE RIESENCHAMPIGNONS bc

Die gefüllten Champignons machen sich auch auf einem Büffet gut:
Sie schmecken heiß oder lauwarm genauso gut wie kalt.

Für 2 Personen Zubereitungszeit: **35 Minuten + 20 Minuten Backzeit**

- 8 Riesenchampignons
- 1/4 kleine Zucchini (etwa 50 g)
- 1 Schalotte
- 1 kleine Karotte
- 1 Zweig Rosmarin
- 2 EL Olivenöl
- 1 gehäufter EL gehackte Petersilie
- 5 gehäufte EL gegarter Couscous (siehe Tipps)
- 100 g Hafersahne
- Salz, frisch gemahlener Pfeffer
- 1 EL vegane Margarine

1. Pilze mit einer Bürste säubern. Stiele herausdrehen und sehr fein schneiden. Zucchini waschen und ebenfalls sehr fein schneiden. Schalotte und Karotte schälen und fein hacken. Rosmarinnadeln abzupfen und fein hacken.
2. Olivenöl in einer kleinen Pfanne erhitzen. Schalotte und Karotte darin anschwitzen. Geschnittene Champignonstiele und Zucchini dazugeben und anbraten. Die Pfanne vom Herd nehmen, Petersilie und Rosmarin untermischen. Den Backofen auf 180 °C vorheizen.
3. Gemüse mit Couscous, Hafersahne, Salz und Pfeffer mischen. Die Masse reichlich in die Champignonköpfe füllen und mit je einer Margarineflocke belegen.
4. Die gefüllten Champignons in eine gefettete Auflaufform setzen und im Backofen etwa 20 Minuten garen, bis sie Farbe bekommen haben.

♥ TIPPS:

- *Sehr hübsch: Die gegarten Champignons auf ein Salatblatt setzen und mit Petersilie bestreut als Vorspeise oder als Beilage servieren.*
- *Das Rezept ist eine prima Resteverwertung für gegartes Getreide: Es passen auch Hirse, Amarant oder Quinoa.*
- *Für 5 EL gegarten Couscous 3 EL rohen Couscous in einem Sieb über kochendem Wasser 10 Minuten dämpfen.*

TAGLIATELLE MIT SPARGEL UND SESAMSAUCE

gl

Das Sesammus gibt dem Spargel das gewisse Etwas und steuert eine große Portion gesundes Eiweiß bei. Und das Farb-Tüpfelchen auf dem i bilden die getrockneten Tomaten.

Für 2 Personen Zubereitungszeit: **40 Minuten**

- 300 g weißer Spargel
- 1 TL vegane Margarine
- 1 Scheibe einer unbehandelten Zitrone
- 1 Prise Zucker
- 250 g vegane grüne Tagliatelle (Bandnudeln)
- Meersalz
- 1 kleine rote Zwiebel
- 1 kleine unbehandelte Orange
- 100 g Tahin (Sesammus)
- 2 EL Reismalz (oder Ahornsirup)
- 2–3 EL Olivenöl
- Frisch gemahlener Pfeffer
- ½ TL Safranfäden
- 25 g getrocknete Tomaten

1. Spargel waschen, schälen und in etwa 2½ cm lange Stücke schneiden, dabei die holzigen Enden entfernen. In einem Topf ausreichend Wasser zum Kochen bringen. Margarine, Zitronenscheibe und eine Prise Zucker zugeben und den Spargel darin etwa 10 Minuten leise kochen lassen.
2. Tagliatelle in kochendem Salzwasser nach Packungsanleitung bissfest kochen.
3. Zwiebel schälen, halbieren und in dünne Halbringe schneiden. Orange heiß abbrausen, abtrocknen und die Schale abreiben. Die Orange halbieren und auspressen. Sesammus mit etwa 130 ml Wasser und Reismalz mit dem Pürierstab oder im Mixer gut vermischen.
4. Öl in der Pfanne erhitzen und die Zwiebel darin 3 Minuten unter ständigem Wenden anbraten. Orangenschale und -saft, Sesammus, Tagliatelle und Spargel unter Wenden hinzufügen und die Hitze etwas reduzieren. Mit Salz, Pfeffer und Safran abschmecken. Getrocknete Tomaten in feine Streifen schneiden und vor dem Servieren unterheben.

& **VARIANTE:** *Anstelle von Safran schmecken auch ein Hauch Cayennepfeffer und eine Prise Currypulver zur Abrundung – aber nicht zu viel! Dann vor dem Servieren mit frischem Majoran bestreuen.*

MANDEL-REIS-BÄLLCHEN MIT WIRSINGGEMÜSE

gl

Vollwertig, vitaminreich und unglaublich gut – die Kombination Mandelbällchen und Wirsing ist das perfekte Essen für kühle Herbst- und Wintertage.

Für 2 Personen Zubereitungszeit: **55 Minuten + etwa 45 Minuten Garzeit Reis**

Für die Reisbällchen:

100 g Vollkorn-Langkornreis
1 Schalotte
1 kleine Knoblauchzehe
Je 1 Zweig Rosmarin und Salbei
Etwa 50 g Vollkorn-Semmelbrösel
75 g gemahlene Mandeln
25 g feine Haferflocken
1 TL Johannisbrotkernmehl
1 EL Tamari (japanische Sojasauce)
1 TL Dijonsenf
Salz, frisch gemahlener Pfeffer
Geriebene Muskatnuss
Olivenöl zum Herausbacken

Für das Wirsinggemüse:

Meersalz
350 g Wirsing
1 kleine rote Zwiebel
1 EL Olivenöl
½ TL abgeriebene Zitronenschale
3 EL Sojajoghurt
3 EL Sojasahne
Geriebene Muskatnuss, Pfeffer

1 Den Reis nach Packungsanleitung kochen und abkühlen lassen. Schalotte und Knoblauchzehe schälen und fein hacken. Rosmarin und Salbei waschen, trocken tupfen und die Blättchen bzw. Nadeln sehr fein hacken.

2 Den Reis mit Schalotte, Knoblauch, Rosmarin, Salbei, Semmelbröseln, der Hälfte der Mandeln, Haferflocken, Johannisbrotkernmehl, Tamari, Senf, Salz, Pfeffer und Muskat vermischen. Mit den Händen gut durchkneten und Bällchen von der Größe eines Tischtennisballs formen. Die Bällchen in den restlichen Mandeln wälzen.

3 Olivenöl in einer Pfanne erhitzen und die Bällchen rundherum goldbraun braten. Die Bällchen auf einer Platte warm halten.

4 Für das Wirsinggemüse ¾ l Salzwasser zum Kochen bringen. Wirsing waschen, putzen und in feine Streifen schneiden. Die Zwiebel schälen und fein hacken. Den Wirsing im kochenden Salzwasser etwa 2 Minuten blanchieren, in ein Sieb abgießen und mit kaltem Wasser abschrecken.

5 In einer Pfanne das Öl erhitzen und die Zwiebel darin unter ständigem Wenden anbraten. Wirsing, Zitronenschale, Sojajoghurt und -sahne untermischen, mit Muskat, Salz und Pfeffer kräftig abschmecken, alles unter Rühren erhitzen und mit den Reisbällchen auf vorgewärmten Tellern servieren.

♥ **TIPP:** *Die Mandelbällchen eignen sich gut zum Mitnehmen und können auch kalt gegessen werden. Dann packen Sie am besten etwas selbst gemachtes Tsatsiki (siehe Tipp Seite 52) als Dip dazu.*

WOK-GEMÜSE MIT TEMPEH-SPIESSEN

gl

Ein asiatischer Abend zu zweit – mit diesem Rezept für schnelles Wok-Gemüse, würzige Spieße und Crunchy-Erdnusssauce gelingt das perfekt und natürlich vegan.

Für 2 Personen Zubereitungszeit: **45 Minuten**

Für die Erdnusssauce:
1–2 Knoblauchzehen
1 rote Chilischote
1 EL Olivenöl
75 g Erdnussmus Crunchy
1 EL Tamari (japanische Sojasauce)
120 ml Kokosmilch
Je 1 EL Ahornsirup und Zitronensaft

Für Gemüse und Spieße:
150–200 g Reisnudeln
Meersalz
5 Shiitake-Pilze
2 kleine Paprikaschoten
50 g Chinakohl
1 Chilischote
1 kleine Zucchini (etwa 100 g)
4 Frühlingszwiebeln
½ Bund Koriandergrün
Je 5 EL Sesamöl und Sojasauce
200 g Tempeh

1 Für die Erdnusssauce den Knoblauch schälen, die Chilischote waschen und beides fein hacken. Olivenöl in einem Topf erhitzen, Knoblauch und Chili darin anbraten. Vom Herd nehmen, die übrigen Zutaten unterrühren und die Sauce beiseitestellen.

2 Für das Wok-Gemüse die Reisnudeln nach Packungsanleitung in Salzwasser garen, abseihen und beiseitestellen.

3 Pilze säubern und in grobe Stücke schneiden. Gemüse und Koriandergrün waschen und putzen. Paprikaschoten und Chinakohl in Streifen, Chilischote in feine Ringe schneiden. Zucchini längs halbieren und in halbe Scheiben schneiden. Frühlingszwiebeln schräg in etwa ½ cm breite Ringe schneiden. Koriander fein hacken.

4 2 EL Sesamöl im Wok erhitzen und das Gemüse darin unter ständigem Rühren etwa 3–4 Minuten bei starker Hitze anbraten, Reisnudeln und 3 EL Sojasauce hinzufügen und etwa 3 Minuten weiterbraten.

5 In der Zwischenzeit Tempeh in etwa 1 cm dicke Scheiben schneiden und die Scheiben jeweils halbieren. In einer separaten Pfanne das restliche Sesamöl erhitzen und den Tempeh von beiden Seiten bei großer Hitze goldbraun anbraten und mit der restlichen Sojasauce und Salz würzen. Die Tempeh-Stücke auf 2 Holzspieße stecken.

6 Das Wok-Gemüse auf zwei Portionsteller verteilen, je einen Tempeh-Spieß danebenlegen und den Spieß mit reichlich Erdnusssauce überziehen. Mit Koriander bestreut servieren.

TIPPS:

- *Anstelle von Tempeh schmecken auch die gleiche Menge Lupinen-Filet, Tofu natur oder Seitan für die Spieße. Noch würziger werden sie, wenn Lupine & Co. etwa zwei Stunden in einer feinen* ***Marinade*** *ziehen dürfen. Dafür 2 Scheiben Ingwer fein würfeln und mit ½ Chilischote, 1 Knoblauchzehe und 1 Schalotte – fein gehackt – und 1 EL Sesamöl, 3 EL Tamari (Sojasauce), Pfeffer und frischem gehacktem Koriandergrün verrühren. Die Lupinen- oder Tofuwürfel damit vermischen, im Kühlschrank zugedeckt durchziehen lassen. Die verbleibende Marinade dann statt der 3 EL Sojasauce in Schritt 4 verarbeiten.*
- *Zum kompletten Menü wird das Gericht mit dem Coleslaw von Seite 149 und einem süßen Dessert: Dafür eignen sich die Kokos-Panna-cotta von Seite 157, die sich wunderbar schon am Vortag zubereiten lässt, oder auch die geeiste Kokosmilch mit exotischem Fruchtsalat als Topping (Seite 37).*

LUPINEN-SCHNITZEL MIT ORANGENSAUCE

gl

Lupine könnte die pflanzliche Eiweißquelle der Zukunft sein. Probieren Sie sie aus – sie schmeckt vorzüglich, zum Beispiel in diesem feinen Rezept mit einer zarten Orangensauce.

Für 2 Personen Zubereitungszeit: **25 Minuten**

200 g Lupinen-Filet (ersatzweise Seitan)
1 unbehandelte Orange
2–3 EL Olivenöl
100 ml Gemüsebrühe
50 ml Orangensaft
4 EL Soja- oder Kokos-Schlagcreme (z. B. von Soyatoo)
Meersalz
1 Prise Cayennepfeffer
1 Prise Curry
1 Prise Ingwerpulver
1 EL frische Majoranblättchen

1 Lupinen-Filet in knapp 1 cm dicke Stücke schneiden – wie kleine Schnitzel.
2 Orange waschen und abtrocknen. Mit einem Kartoffelschäler die Schale dünn abschälen und mit einem scharfen Messer in sehr feine Streifen schneiden.
3 Olivenöl in einer Pfanne erhitzen und die Medaillons von beiden Seiten goldbraun braten. Aus der Pfanne nehmen und warm stellen.
4 Den Bratansatz mit 100 ml Gemüsebrühe und Orangensaft auffüllen, Orangenschale zugeben und aufkochen. Etwas einkochen lassen und die Schlagcreme einrühren. Mit den Gewürzen abschmecken, die Medaillons kurz in der Sauce erwärmen und mit Majoranblättchen bestreut servieren.

TIPPS:

- *Die empfohlene Schlagcreme ist ziemlich fest – etwa wie Crème fraîche. Wenn Sie flüssige Sojasahne verwenden, nehmen Sie mindestens die doppelte Menge, wobei die Sauce dann etwas dünnflüssiger wird.*
- *Dazu schmecken am besten Bandnudeln!*

NUDELSALAT MIT MAYO

bc

Unangefochtener Liebling auf Festen und Partys ist zweifellos Nudelsalat, und am liebsten mit ordentlich Mayo – das klappt auch vegan, wie dieses vielfach erprobte Rezept zeigt.

Für 6 Personen Zubereitungszeit: **35 Minuten**

500 g Spiralnudeln (Fusilli)
Salz
2 EL Olivenöl
100 g Erbsen (TK)
100 g Maiskörner (TK)
125 g Räuchertofu
1 mittelgroße rote Zwiebel oder 2 Frühlingszwiebeln mit Grün
1 rote Paprikaschote
2 Stangen Staudensellerie
1 Bund Petersilie
250–300 ml Sojanaise (vegane Mayonnaise, Fertigprodukt, oder selbst gemacht, siehe Tipp)
125 g Sojasahne
Garam Masala, mild (Asialaden)
Frisch gemahlener Pfeffer

1 In einem großen Topf reichlich Wasser mit 1 EL Salz aufkochen lassen und die Nudeln darin bissfest kochen. Abgießen und mit 1 EL Olivenöl vermischen.
2 Erbsen und Mais auftauen lassen – oder, wenn es schnell gehen soll, mit etwas Wasser am Herd einmal kurz aufkochen lassen, sofort abseihen und abschrecken. Den Räuchertofu in kleine Würfel schneiden und in 1 EL Olivenöl in einer Pfanne knusprig braten.
3 Die Zwiebel schälen und fein hacken oder die Frühlingszwiebeln waschen, putzen und in Röllchen schneiden. Paprikaschote und Sellerie waschen, putzen und in kleine Würfel schneiden. Petersilie waschen, trocken tupfen und fein hacken.
4 Sojanaise mit der Sojasahne und Garam Masala verrühren. Nudeln, Tofu, drei Viertel der gehackten Petersilie und das Gemüse in einer Schüssel mit dem Dressing vermischen und mit Salz und Pfeffer abschmecken. Mit der restlichen Petersilie bestreut servieren.

♥ **TIPP:** ***Soyanaise*** *können Sie selber machen. Dafür brauchen Sie nur wenige Zutaten: 60 ml Sojadrink und 2–3 TL Zitronensaft in ein hohes Mixgefäß geben. Bei laufendem Mixer ganz langsam ⅛ l Raps- oder Sonnenblumenöl einlaufen lassen und mixen, bis eine cremige Mayonnaise entstanden ist. Mit Salz, Pfeffer, Zitronensaft und etwas scharfem Senf abschmecken. Wer gleich das doppelte Rezept macht, kann den Rest in ein Schraubglas füllen und im Kühlschrank 4–5 Tage aufbewahren.*

SPINATQUICHE

dn

Ein Klassiker unter den herzhaften Tartes: die Spinatquiche, hier in einer vollwertigen, frischen, veganen Version. Ein perfektes sommerliches Abendessen für liebe Gäste.

Für 4 Personen Zubereitungszeit: **1 Stunde 30 Minuten + 40 Minuten Backzeit**

Für den Teig:

300 g Weizenmehl (Type 550)
½ TL Salz
4 EL Haferdrink
200 g vegane Butter
Mehl für die Arbeitsfläche
Vegane Butter für die Form

Für den Belag:

250 g frischer Blattspinat
Salz
200 g Champignons
50 g Frühlingszwiebeln
1 Knoblauchzehe
2 EL kalt gepresstes Olivenöl
Geriebene Muskatnuss
Frisch gemahlener Pfeffer
150 g Cocktailtomaten

Für den Guss:

300 g Seidentofu
100 ml Haferdrink
2 EL Hefeflocken
1 EL Speisestärke
1 TL Tahin (Sesampaste)
Salz
1 EL gehackte Petersilie

1 Für den Teig das Mehl auf eine Arbeitsfläche sieben, in die Mitte eine Mulde drücken. Salz und Haferdrink hineingeben und mit den Händen vermengen. Die kalte Butter in kleinen Stücken darauf verteilen und alles rasch zu einem glatten Teig kneten. In Folie eingeschlagen 1 Stunde kühl stellen.

2 In der Zwischenzeit in einem Topf Salzwasser zum Kochen bringen. Den Spinat hineingeben, zusammenfallen lassen, auf ein Sieb abgießen und mit kaltem Wasser abschrecken. Gut abtropfen lassen und grob hacken. Champignons putzen und in Scheiben schneiden. Frühlingszwiebeln schälen und in feine Streifen schneiden. Knoblauchzehe schälen und fein hacken.

3 Olivenöl in einer Pfanne erhitzen und die Pilze darin anbraten. Zwiebeln und Knoblauch kurz mitrösten, Spinat zugeben und mit Salz, Pfeffer und Muskatnuss würzen. Vom Herd ziehen. Tomaten waschen und halbieren. Den Backofen auf 180 °C vorheizen.

4 Für den Guss den Seidentofu mit allen anderen Zutaten außer der Petersilie in einen Mixer geben und zu einer glatten Sauce verquirlen.

5 Den Teig auf der bemehlten Arbeitsfläche 5 mm dick ausrollen. Etwas vegane Butter erwärmen und eine Quicheform (Ø 30 cm) damit auspinseln. Den Teig in die Form legen, leicht andrücken und einen Rand hochziehen. Die Spinat-Pilz-Masse einfüllen, mit der Sauce übergießen und mit Tomatenhälften belegen.

6 Die Quiche im Backofen etwa 40 Minuten backen. Mit Petersilie bestreut servieren.

❤ **TIPP:** *Boden und Guss können Sie auch für andere Quiches verwenden. Kombinieren Sie zum Beispiel Wildkräuter oder Petersilie mit Spargel, Lauch mit Kartoffeln, Kürbis mit Karotten und Pastinaken oder Mangold mit getrockneten Tomaten.*

bc

ALT-WIENER KRAUTSTRUDEL MIT PAPRIKASAUCE

Deftige österreichische Wirtshausküche, ganz vegan: Strudel mit Kraut, Kümmel und Paprika – die richtige Begleitung zu einem Glas Weißwein oder einem kühlen Bier.

Für 4–6 Personen Zubereitungszeit: **1 Stunde 20 Minuten**

Für den Krautstrudel:

1 kg Weißkraut
2 große Zwiebeln
1 gehäufter EL Rohrohrzucker
1 Schuss Weißwein oder Wasser
1 gehäufter TL Salz
1 gehäufter TL gemahlener weißer Pfeffer
3 TL Kümmelsamen
1 TL Majoran
40–50 g vegane Margarine
2–3 Strudelblätter (Kühlregal)
Sonnenblumenöl zum Anbraten

Für die Paprikasauce:

2 rote Paprikaschoten
½ TL Tomatenmark
1 Schuss trockener Weißwein
Salz, frisch gemahlener Pfeffer
1 TL Zitronensaft
125 g Sojasahne
Sonnenblumenöl zum Anbraten

1 Weißkraut waschen und vierteln. Strünke und unansehnliche Blätter entfernen. Das Kraut mit der Küchenmaschine oder einem Messer fein nudelig schneiden. Zwiebeln schälen, halbieren und fein schneiden.

2 In einem großen Topf 3 EL Öl erhitzen und die Zwiebeln darin anschwitzen. Zucker einstreuen und mit den Zwiebeln karamellisieren. Mit Weißwein oder Wasser ablöschen und rühren, bis sich die Klümpchen aufgelöst haben. Weißkraut zugeben. Mit Salz, Pfeffer, Kümmel und Majoran würzen, gut durchrühren und zugedeckt dünsten lassen, bis das Kraut halb weich ist. Den Backofen auf 180 °C vorheizen.

3 Die Margarine zerlassen. Ein sauberes Geschirrtuch auf die Arbeitsfläche legen, ein Strudelblatt darauflegen und mit Margarine bestreichen. Das zweite auflegen und ebenfalls bestreichen, das dritte Strudelblatt auflegen.

4 Das gedünstete Weißkraut auf den unteren beiden Dritteln der Strudelblätter verteilen, dabei unten, links und rechts einen 2 cm breiten Rand frei lassen. Das obere Drittel des Strudelteiges mit Margarine bestreichen. Mithilfe des Geschirrtuchs die Ränder einklappen und den Strudel von unten nach oben eng aufrollen.

5 Ein Backblech mit Backpapier belegen und den Strudel vom Geschirrtuch auf das Blech gleiten lassen. Die Oberfläche mit Margarine bestreichen und den Strudel etwa 25 Minuten im Backofen goldbraun backen. Zwischendurch eventuell noch einmal mit Margarine bestreichen.

6 In der Zwischenzeit die Paprikaschoten waschen, putzen und würfeln. In einem kleinen Topf 2 EL Öl erhitzen, Paprikawürfel zufügen und bei niedriger Hitze braten. Nach etwa 5 Minuten das Tomatenmark dazugeben, kurz durchrösten, mit Weißwein ablöschen und mit etwa ⅛ l Wasser aufgießen, sodass die Paprikawürfel bedeckt sind. Das Gemüse in etwa 10–12 Minuten weich dünsten. Mit Salz, Pfeffer und Zitronensaft abschmecken, Sojasahne unterrühren. Vom Herd nehmen und mit dem Stabmixer pürieren. Bei Bedarf noch etwas Wasser hinzufügen. Zum Krautstrudel servieren.

♥ **TIPP:** *Für besondere Gelegenheiten kann man aus gelben Paprikaschoten eine zweite Sauce herstellen und die Teller mit den Saucen in beiden Farben dekorieren, bevor man die Strudelstücke daraufsetzt. Dazu passen Petersilien-, Majoran- oder Estragonkartoffeln.*

GEFÜLLTER KÜRBIS dn

Sieht toll aus, ist schnell gemacht, schmeckt wunderbar und ist obendrein gesund – was will man mehr? Die gefüllten Kürbishälften lassen sich übrigens auch für mehr Gäste ganz einfach zubereiten.

Für 4 Personen Zubereitungszeit: **45 Minuten**

2 Hokkaidokürbisse (à etwa 500–600 g)

Je 1 TL gemahlener Koriander und Kreuzkümmel

Kalt gepresstes Olivenöl

2 Dosen weiße Bohnen (insgesamt etwa 400 g)

4 Fleischtomaten

1 kleine Zwiebel

1 TL Majoran

Salz, frisch gemahlener Pfeffer

1. Kürbisse waschen und halbieren. Kerne und weiche Bestandteile mit einem Löffel auskratzen. Kreuzkümmel und Koriander in die Kürbishälften streuen. Mit ein wenig Olivenöl beträufeln. Die Kürbishälften mit der Schnittfläche nach unten auf ein mit Backpapier belegtes Backblech setzen und in den Backofen schieben. Auf 180 °C schalten und den Kürbis etwa 30–40 Minuten schmoren.
2. In der Zwischenzeit die weißen Bohnen in ein Sieb geben und abtropfen lassen. Die Tomaten mit einem Messer einritzen. In eine Schüssel legen und mit kochendem Wasser übergießen, nach 30 Sekunden kalt abschrecken und häuten. Die Tomaten in Stücke schneiden, dabei den Stielansatz und die Kerne entfernen. Zwiebeln schälen und fein hacken, in wenig Olivenöl anschwitzen und mit Majoran würzen. Nach einigen Minuten die Tomaten zugeben und weiter dünsten lassen. Mit Salz und Pfeffer abschmecken. Bohnen untermischen und erhitzen.
3. Die Kürbishälften aus dem Backofen nehmen, mit der Höhlung nach oben in vier vorgewärmte tiefe Portionsteller legen und mit dem Tomaten-Bohnen-Gemüse füllen. Sofort servieren.

❤ **TIPP:** *Servieren Sie den Kürbis mit Messer, Gabel und Löffel: Der gefüllte Kürbis lässt sich nämlich komplett verspeisen – beim Hokkaido kann man auch die Schale mitessen.*

COUSCOUS-STRUDEL MIT TOFU UND TOMATEN-LAUCH-SALAT

bc

Strudel, orientalisch interpretiert: Gefüllt mit Couscous und Tofu, macht die Wiener Teigrolle angenehm satt. Frische und Farbe bringt der pikante Tomaten-Lauch-Salat.

Für 4 Personen Zubereitungszeit: **35 Minuten + 25–30 Minuten Backzeit**

Für den Strudel:

50 g Erbsen (TK)

Salz, frisch gemahlener Pfeffer

½ TL gemahlener Kreuzkümmel

½ TL Harissa (scharfe Paprikapaste)

1 Knoblauchzehe

3 EL vegane Margarine

170 g Couscous

2 Karotten

1 kleine Zwiebel

2 EL Olivenöl

100 g Räuchertofu

1 EL Bratöl

200 g Sojasahne

1 TL Ras el-Hanout (orientalische Gewürzmischung; Bioladen)

1 TL Berbere (scharfe Gewürzmischung; Bioladen)

2–3 Strudelblätter, je nach Stärke

1 Erbsen auftauen lassen. 230 ml Wasser mit Salz, Pfeffer, Kreuzkümmel und Harissa zum Kochen bringen. Knoblauch schälen und hineinpressen, 1 EL Margarine zugeben. Vom Herd nehmen, Couscous unter Rühren einrieseln lassen, Deckel auflegen und 5 Minuten ausquellen lassen. Couscous in eine größere Schüssel geben und mit einer Gabel auflockern.

2 Karotten waschen, putzen, schälen und in kleine Würfel schneiden, Zwiebel schälen und fein hacken. In einer Pfanne Olivenöl erhitzen, Zwiebel und Karotten darin goldbraun braten und unter das Couscous mischen. Tofu klein würfeln und in derselben Pfanne in dem Bratöl knusprig braten. Mit den Erbsen unter das Couscous mischen. Sojasahne mit Ras el-Hanout, Berbere und Salz abschmecken und ebenfalls untermischen.

3 Den Backofen auf 180 °C vorheizen. In einem kleinen Topf die restliche Margarine zerlassen. Ein sauberes Geschirrtuch auf die Arbeitsfläche legen und das erste Strudelblatt darauflegen. Mit der flüssigen Margarine bestreichen und das nächste Blatt darauflegen, eventuell noch einmal mit Margarine bestreichen und das dritte Blatt auflegen.

4 Die Füllung auf die unteren zwei Drittel der Strudelblätter gleichmäßig verteilen, dabei rechts, links und unten einen 2 cm breiten Rand frei lassen. Das frei gebliebene Drittel mit Margarine bestreichen. Mithilfe des Geschirrtuchs die Ränder einklappen und den Strudel von unten nach oben eng aufrollen.

5 Den Strudel vom Geschirrtuch auf ein mit Backpapier belegtes Blech gleiten lassen. Strudel mit Margarine bestreichen und 25–30 Minuten im vorgeheizten Backofen goldbraun backen. Zwischendurch eventuell noch einmal bestreichen.

Für den Tomaten-Lauch-Salat:

6 reife Tomaten

½ Stange Lauch

2 EL gehackte Petersilie oder Basilikum

Salz

2 EL Balsamico-Essig

3 EL Olivenöl

6 In der Zwischenzeit die Tomaten waschen und in Achtel oder Scheiben schneiden. Lauch waschen und in sehr feine Ringe schneiden. Tomaten, Lauch und Petersilie in einer Schüssel mit Salz und Essig mischen. Kurz vor dem Servieren das Olivenöl daruntermischen.

7 Den Strudel aus dem Ofen nehmen, in Stücke schneiden und mit dem Salat servieren.

GEMÜSE-SEITAN-PÄCKCHEN gl

Seitan-Päckchen – das ist lecker kochen für Anfänger: Auch wer noch nie eine Mahlzeit zubereitet hat, dem ist hier der Erfolg gewiss. Man packt einfach Seitan mit Gewürzen und Lieblingsgemüse in Alufolie und legt es auf den Grill.

Für 8 Personen Zubereitungszeit: **40 Minuten + 2 Stunden Marinierzeit**

- 4 Knoblauchzehen
- 6 cm frischen Ingwer
- 4 Chilischoten
- 8 EL Ahornsirup
- 150 ml Tamari (japanische Sojasauce)
- 100 ml Olivenöl
- 4 EL Limettensaft
- 2 Bund Petersilie
- 800 g Seitan
- 2 gelbe Paprikaschoten
- 2 grüne Paprikaschoten
- 2–3 Bund Frühlingszwiebeln
- 400 g Dattel- oder Cocktailtomaten
- Salz, frisch gemahlener Pfeffer

- 8 Blatt Alufolie

1 Knoblauch und Ingwer schälen und sehr fein hacken. Chilischote waschen und in feine Ringe schneiden. Zusammen mit Ahornsirup, Tamari, Olivenöl und Limettensaft in einer Schüssel gut vermischen. Petersilie waschen, trocken tupfen und fein hacken. Seitan in mundgerechte Stücke schneiden und zusammen mit der Petersilie in die Marinade legen. Mindestens 2 Stunden im Kühlschrank ziehen lassen.

2 Paprikaschoten waschen, entkernen und in Streifen schneiden. Frühlingszwiebeln waschen und schräg in etwa 1 cm breite Röllchen schneiden. Tomaten waschen und halbieren oder vierteln. Alles zu dem marinierten Seitan in die Schüssel geben und gut vermischen. Mit Salz und Pfeffer abschmecken.

3 Den Backofen auf Grillstufe 250 °C stellen. Die Seitan-Mischung auf 8 Blätter Alufolie verteilen. Die Folien jeweils gut zu Päckchen verschließen und 10–20 Minuten im Backofengrill (oder auch auf dem Grill im Freien) garen.

♥ **TIPP:** *Statt Seitan können Sie auch sehr gut Tempeh oder Tofu verwenden. Die Seitan-Päckchen lassen sich auch für viele Personen wunderbar vorbereiten und eignen sich gut für ein sommerliches Grillfest.*

SÜSSKARTOFFEL-CURRY MIT RAITA

bc

Typisch indisch servieren Sie das gewürzduftende Curry mit Reis und Saucen für jeden Gast in Portionsschälchen auf einem eigenen Tablett.

Für 6 Personen Zubereitungszeit: **1 Stunde 20 Minuten**

Für das Curry:

1 kg Süßkartoffeln
3 mittelgroße Zwiebeln
3–4 Knoblauchzehen
Ein großes Stück Ingwer (12 cm)
3–4 Karotten
1 kleine Fenchelknolle
1 TL Senfsaat
1 TL gemahlener Kreuzkümmel
1 TL gemahlener Koriander
1 TL Garam Masala
½ TL Kurkuma
1–2 frische Chilischoten oder 1–2 TL getrocknete Chiliflocken
1 kg Tomatenstückchen (Dose oder Tetrapack)
Salz
400 ml Kokosmilch
Kokosfett oder Öl zum Anbraten

Für das Raita:

1 Salatgurke
500 g Sojajoghurt
Salz
1 TL gemahlener Kreuzkümmel
1 TL fein geschnittene Minze

1 Süßkartoffeln schälen und würfeln. Zwiebeln, Knoblauch, Ingwer und Karotten schälen, Fenchel waschen und putzen. Alles fein würfeln. In einem Topf etwas Kokosfett erhitzen und Zwiebeln, Karotten und Fenchel leicht anbraten. Ingwer und Knoblauch dazugeben und unter Rühren weiter braten.

2 Wenn das Gemüse Farbe bekommen hat, Senfsaat hinzufügen und 30 Sekunden mitbraten. Kreuzkümmel, Koriander, Garam Masala, Kurkuma und Chili dazugeben und 30 Sekunden mitrösten. Die Tomaten zufügen, zum Kochen bringen, salzen und 10 Minuten kochen lassen. Süßkartoffeln und Kokosmilch zugeben und bei schwacher Hitze 20–25 Minuten kochen lassen, bis die Süßkartoffeln bissfest sind.

3 Für das Raita die Gurke schälen, der Länge nach vierteln und die Kerne auskratzen. Fruchtfleisch in kleine Würfel schneiden. Joghurt mit Salz, Kreuzkümmel und Minze verrühren und die Gurkenwürfel hinzufügen. Beiseitestellen und ziehen lassen.

4 Alle vorbereiteten Gerichte auf einem Teller oder einem Tablett anrichten.

& **VARIANTEN:** *Die indischen Raitas – Joghurt oder Sauermilch mit Gewürzen und Gemüsestückchen – dienen vor allem dazu, die teils extreme Schärfe der Currys zu mildern. Die bekannteste und beliebteste Raita enthält Gurke, wie in unserem Rezept.*

- *Manchmal wird auch* ***Auberginenraita*** *serviert: Dafür eine Aubergine waschen, vom Stielansatz befreien und in 1–2 cm große Würfel schneiden. Diese in heißem Olivenöl etwa 15–20 Minuten schmoren, bis sie weich sind und duften. Abkühlen lassen und mit Sojajoghurt vermischen, den man vorher mit Salz und Kreuzkümmel gewürzt hat.*

- *Für* ***Tomatenraita*** *würfeln Sie zwei aromatische, vollreife Tomaten, vermischen sie mit gewürztem Sojajoghurt und rühren eventuell noch etwas in Ringe geschnittenes Lauchzwiebelgrün darunter.*
- *Für eine* ***Spinatraita*** *blanchieren Sie eine Handvoll frischen Spinat wenige Sekunden in kochend heißem Wasser. Dann ausdrücken, fein schneiden und mit gewürztem Sojajoghurt mischen.*

❤ **TIPP:** *Besonders gut passt selbst gemachte* ***Kokossauce*** *zum Curry. Dafür eine ganze Kokosnuss bei 200 °C 15 Minuten im Backofen erhitzen. Herausnehmen, die Schale aufschlagen und das Kokosfleisch mit einem Esslöffel aus der Schale brechen. Das Kokosfleisch fein raspeln und mit 250 g Hafersahne verrühren. In einer Pfanne 1 TL Kokosfett erhitzen und darin je 1 TL Schwarzkümmelsamen, Senfsaat und getrocknete Chilischoten anrösten. Gewürze in die Sauce geben, mit Salz abschmecken.*

CRIOLLO – SCHWARZE-BOHNEN-EINTOPF MIT PLATANOS

bc

Gesunder Ausflug in die Karibik: Wer die typischen schwarzen Bohnen nicht bekommt, kann auf Kidney-Bohnen ausweichen. Genial die Kombination mit gebratenen Bananen.

Für 4 Personen Zubereitungszeit: **1 Stunde 40 Minuten + 8 Stunden Einweichzeit**

Für den Eintopf:

- 200 g schwarze Bohnen
- 1 TL Pfefferkörner
- 4 Gewürznelken
- 3 Kugeln Piment
- 1 kleine getrocknete Chilischote
- 1 Zwiebel
- 2–3 Knoblauchzehen
- 2 Paprikaschoten
- 2 Stangen Staudensellerie
- 1 TL gemahlener Kreuzkümmel
- 1 Lorbeerblatt
- Salz
- Etwa 100 ml Weißwein
- 500 g stückige Tomaten (Dose)
- Öl zum Anbraten

Für die Platanos:

- 2–3 reife Kochbananen (ersatzweise 4 feste normale Bananen)
- Vegane Margarine zum Braten

1. Die Bohnen über Nacht in Wasser einweichen. Am nächsten Tag abseihen und gut waschen. In einem Topf mit reichlich Wasser in etwa 1–1½ Stunden weich kochen. Den sich bildenden Schaum abschöpfen.
2. In der Zwischenzeit Pfeffer, Nelken, Piment und Chili im Mörser zerreiben. Zwiebel und Knoblauch schälen und fein hacken. Paprikaschoten und Sellerie waschen, putzen und fein würfeln.
3. In einem Topf etwa 2 EL Öl erhitzen, Zwiebeln anschwitzen, das Gemüse dazugeben und mitbraten, den Knoblauch zugeben und alles gut durchrösten. Die Gewürze aus dem Mörser, Kreuzkümmel, Lorbeerblatt und Salz zugeben und kurz mitbraten. Mit Weißwein ablöschen, die Tomaten dazugeben und etwa 10 Minuten leise kochen lassen.
4. Die gegarten Bohnen abseihen und zur Tomatensauce geben. Umrühren, kurz erhitzen und noch einmal kräftig abschmecken. Das Criollo sollte ein saftiger Eintopf sein, eventuell bei Bedarf noch einen Schuss Wasser oder Weißwein dazugeben.
5. Die Kochbananen schälen und schräg in 1 cm dicke Scheiben schneiden. In einer Pfanne Margarine erhitzen, die Bananenscheiben auf beiden Seiten goldbraun braten und zum Eintopf servieren.

❤ **TIPP:** *Perfekt ergänzt wird der Eintopf mit gedämpftem Reis und gebratenen Sojawürstchen.*

KARIBISCHER PAPRIKA UND JERK-SEITAN

bc

„Moros y cristianos" – Mauren und Christen – heißt die Kombination aus dunklen Hülsenfrüchten und weißem Reis in Südamerika, eine perfekte Verbindung von pflanzlichem Eiweiß und Kohlenhydraten.

Für 4 Personen Zubereitungszeit: **1 Stunde 15 Minuten + 8 Stunden Marinierzeit**

Für das Jerk-Seitan:

400 g Seitan

Jerkgewürz (karibische Gewürz-Mischung; z. B. aus Chilipulver, Kreuzkümmel, Pfeffer)

2 EL Pflanzenöl

Salz

Etwas Bratöl

Für den karibischen Paprika:

5 TL vegane Margarine

200 g Basmatireis

Salz

40 g Beluga-Linsen

4 Fleischpaprikaschoten

½ TL Mazis (Muskatblüte)

2 Gewürznelken

½ TL schwarze Pfefferkörner

1 kleine getrocknete Chilischote

100 g Hafersahne

½ Bund Koriandergrün

Öl für die Form

1 Seitan mit Küchenkrepp trocken tupfen. Schräg in dünne Scheibchen schneiden und in einer Schüssel mit Jerkgewürz, Öl und Salz vermischen. Zugedeckt über Nacht ziehen lassen.

2 Für die Füllung 1 TL Margarine in einem Topf schmelzen lassen, Basmatireis darin unter Rühren anschwitzen. 300 ml Wasser zugießen, salzen und aufkochen lassen. Bei schwacher Hitze zugedeckt 15–20 Minuten ausquellen lassen. In der Zwischenzeit die Linsen in einem Sieb waschen und in reichlich Wasser ohne Salz etwa 20 Minuten kochen. Paprikaschoten waschen, Deckel abschneiden und die Kerne entfernen.

3 Den Backofen auf 180 °C vorheizen. Für die Paprikafüllung Mazis, Nelken, Pfefferkörner und Chili im Mörser fein zerstoßen. Mit Reis und Linsen mischen, Hafersahne unterheben. Mit Salz abschmecken und in die Paprikaschoten füllen. Je 1 TL Margarine daraufsetzen, Deckel auflegen und die Schoten in einen mit Öl ausgepinselten Bräter setzen. Im Backofen auf der mittleren Schiene etwa 25 Minuten garen.

4 Koriandergrün waschen, trocken tupfen und die Blättchen abzupfen.

5 In einer Pfanne etwas Öl erhitzen und die Seitan-Stücke darin nach und nach kross braten. Zusammen mit den Paprikaschoten anrichten und mit Korianderblättchen bestreuen.

♥ **TIPP:** *Dazu passt* **Coleslaw**, *der beliebte amerikanische Krautsalat. Dafür einen mittelgroßen Weißkrautkopf (etwa 700 g) waschen, vierteln und ohne Strunk fein schneiden. 2 große Karotten ebenfalls putzen und in feine Streifen schneiden. Alles in eine Schüssel füllen, salzen, mit den Händen durchkneten und 30 Minuten ziehen lassen. Gewürze nach Belieben (z. B. eine Mischung aus je ½ TL Bockshornkleesamen, Mazis, Kreuzkümmel, Chilischoten, Pfeffer und 4–5 gemahlenen Pimentkörnern) mit 200 g Sojanaise (selbst gemacht, siehe Tipp Seite 132, oder fertig gekauft) verrühren und zusammen mit dem Saft von ½ Limette unter das Weißkraut mischen.*

TÜRLÜ MIT BLÄTTERTEIGHAUBE – TÜRKISCHER GEMÜSETOPF

bc

Überraschungsgemüse unter der Teighaube – das perfekte Gästeessen kommt vom Backofen direkt auf den Tisch und lässt sich wunderbar vorbereiten.

Für 4 Personen Zubereitungszeit: **45 Minuten + 1 Stunde Backzeit**

- 1 Aubergine (etwa 250 g)
- 2 Zucchini (à etwa 150 g)
- Je 1 rote und 1 grüne Paprikaschote
- 1–2 Zwiebeln
- 3–4 Knoblauchzehen
- 3 Tomaten
- ⅛ l Olivenöl
- 1 TL Berbere (scharfe Gewürzmischung, Bioladen)
- 1 TL frisch gemahlener Pfeffer
- Etwa 1 EL Salz
- Je 1 TL gehackter Oregano, Rosmarin und Bergbohnenkraut
- ½ TL geröstete Rosenpaprikaflocken oder getrocknete Chiliflocken
- 2–3 Lorbeerblätter
- 60 ml trockener Weißwein
- 330 g Blätterteig (Fertigprodukt aus dem Kühlregal)
- Mehl für die Arbeitsfläche
- 3–4 EL Öl und ½ TL Kurkuma zum Bestreichen

1. Den Backofen auf 190 °C vorheizen. Aubergine und Zucchini waschen, putzen und in 2 cm große Würfel schneiden. Paprikaschoten waschen, putzen und in 2 cm große Stücke schneiden. Zwiebeln und Knoblauch schälen, Zwiebel in grobe Würfel schneiden, Knoblauch hacken. Die Tomaten waschen und achteln, dabei den Stielansatz entfernen. Gemüse in einen Bräter (etwa 32 x 22 cm) geben.
2. Olivenöl mit allen Gewürzen und Salz verrühren und über das Gemüse gießen. Gut vermischen und für 20 Minuten in den Backofen schieben. Weißwein zugeben und weitere 15 Minuten im Backofen garen.
3. Die Arbeitsfläche mit Mehl bestäuben und den Blätterteig zu einer Platte ausrollen, die etwas größer ist als der Bräter. Mit dem Teigrädchen einen Streifen für die Garnitur abschneiden.
4. Den Bräter aus dem Backofen nehmen. Den Blätterteig locker auf das Gemüse legen und den Teig an die Seiten des Bräters andrücken. Öl mit Kurkuma vermischen und den Blätterteig damit bestreichen. Aus dem Teigstreifen Ornamente ausstechen oder Dreiecke ausschneiden und auf die Blätterteighaube auflegen. Ebenfalls mit Kurkumaöl bestreichen. Den Bräter für weitere 30 Minuten zurück in den Backofen schieben, bis der Blätterteig leicht gebräunt ist.
5. Das Türlü im Bräter servieren und erst am Tisch zerteilen.

VEGAN & SÜSS

Cremige Desserts, Kuchen, Törtchen und Konfekt – auch die süßen Verführungen lassen sich supereinfach vegan zubereiten: von Panna cotta über Heidelbeerpancakes und Erdbeertörtchen bis zu den wunderbar schokoladigen Brownies.

MANGOSANDWICH MIT HIMBEEREN

dn

Dekorative Vitaminbombe: Wie ein Traum aus Tausendundeiner Nacht sieht dieses fruchtige Dessert aus – die Krönung eines üppigen Menüs.

Für 2 Personen Zubereitungszeit: **15 Minuten**

½ reife Mango
50 ml Mandeldrink
150 g Himbeeren
1 EL Lavendelhonig
1 Passionsfrucht

1. Mango schälen, vom Stein schneiden und das Fruchtfleisch in vier etwa 5 mm dicke Scheiben schneiden. Den Mandeldrink im Mixer schaumig mixen. Die Himbeeren säubern.
2. Jeweils 1 Mangoscheibe auf die Dessertteller legen und mit Himbeeren belegen. Jeweils die Hälfte des Mandelschaums und des Lavendelhonigs über die Beeren verteilen.
3. Jedes Sandwich mit einer Mangoscheibe abdecken und mit dem ausgekratzten Mark der Passionsfrucht garnieren.

AVOCADO-DATTEL-CREME

dn

Blitzschnell gemixt, sahnig-fein bis zum letzten Löffelchen und dabei so gesund – die Avocado-Dattel-Creme ist nicht nur Dessert, sondern auch ein kleines Energiepaket.

Für 2 Personen Zubereitungszeit: **15 Minuten + 3–4 Stunden Einweichzeit**

Etwa 6 große Datteln
1 reife Avocado
1 TL Ahornsirup
1 Spritzer Zitronensaft
100 g Himbeeren zum Garnieren (im Winter statt Himbeeren einige Walnusskerne verwenden)

1. Die Datteln entsteinen, grob zerkleinern und in eine kleine Schüssel geben. Mit kaltem Wasser auffüllen und 3–4 Stunden einweichen. In ein Sieb abgießen, das Einweichwasser auffangen.
2. Die Avocado halbieren, Kern und Schale entfernen. Das Fruchtfleisch zusammen mit den eingeweichten Datteln pürieren. Dabei so viel Einweichwasser zugeben, dass eine cremige Konsistenz entsteht. Mit Ahornsirup und Zitronensaft abschmecken. Die Himbeeren säubern.
3. Die Creme auf zwei Portionsschälchen verteilen und mit den Himbeeren oder Walnusskernen garniert sofort servieren.

INDISCHES REISDESSERT (hb)

Süßer Reis vom Feinsten: Seelenfutter mit duftenden Gewürzen, das wärmt und sättigt. Am besten nach einem leichten Gemüsecurry zu genießen.

Für 2 Personen Zubereitungszeit: **10 Minuten + 45 Minuten Garzeit**

90 g Vollkorn-Rundkornreis
Je 1 Messerspitze Meersalz, gemahlener Kardamom und geriebener Ingwer
½ TL Zimt
100 ml Kokosmilch
60 g Reis- oder Ahornsirup
2 EL Aprikosenkonfitüre
25 g gehackte Cashewkerne

1. Reis in ein Sieb geben und unter fließendem kalten Wasser waschen. Mit 420 ml Wasser und den Gewürzen zum Kochen bringen und zugedeckt 45 Minuten bei mittlerer Hitze kochen lassen. Kokosmilch und Sirup unterrühren und das Dessert in Schälchen füllen.
2. Die Konfitüre mit 1½ EL Wasser verrühren und über den Reis verteilen. Mit Cashewnüssen bestreuen und warm oder kalt servieren.

KOKOS-PANNA-COTTA MIT MANGO (hb)

Easy cooking: Die sahnige Kokos-Panna-cotta können Sie in wenigen Minuten auch am Tag vor dem Verzehr kochen und mit verschiedenen Früchten immer wieder abwandeln.

Für 2 Personen Zubereitungszeit: **10 Minuten + 2 Stunden Kühlzeit**

200 ml Kokosmilch
¼ TL Agar-Agar-Pulver
1 Prise Meersalz
50 g Hafer- oder Sojasahne
1 EL Agavendicksaft
½ Mango

1. Kokosmilch in einem Topf mit Agar-Agar-Pulver anrühren, Salz zugeben und aufkochen. 5 Minuten leise kochen lassen, dabei ab und zu umrühren. Hafersahne und Agavendicksaft einrühren. Die Panna cotta in Gläser füllen und mindestens 2 Stunden kalt stellen.
2. Vor dem Servieren die Mango schälen, das Fruchtfleisch vom Stein schneiden und klein würfeln. Mangowürfel auf die Panna Cotta verteilen und servieren.

HIMBEERSORBET hb

Blitzschnelles Sommerdessert, fruchtig, frisch und voller Vitamine – schmeckt auch mit Heidelbeeren.

Für 2 Personen Zubereitungszeit: **10 Minuten**

250 g Himbeeren (TK)
1 EL weißes Mandelmus
1 Prise Meersalz
30 ml heißes Wasser
1½ EL Apfeldicksaft
Wilde Blüten (z. B. Stiefmütterchen) oder Minze zum Garnieren

1 Die gefrorenen Himbeeren zusammen mit Mandelmus, Salz, Wasser und Apfeldicksaft in einen Standmixer geben und pürieren.
2 Auf zwei gekühlte Gläser verteilen, mit Blüten oder Minze garnieren und sofort servieren.

MARINIERTE FEIGEN gl

Zimt und Nelken veredeln die Feigen im Rotweinbad zu einem Süß-Genuss für die kalte Jahreszeit. Unbedingt mit etwas Sahne genießen!

Für 2 Personen Zubereitungszeit: **15 Minuten + 6 Stunden Marinierzeit**

60 g Vollrohrzucker
¼ l kräftiger Rotwein
1 Gewürznelke
½ Zimtstange
5 Rosmarinnadeln
Saft von einer ½ Orange
6 getrocknete Feigen
125 g Soja- oder Kokossahne
½ Päckchen Sahnesteif
1 TL Zucker
1 EL Grand Marnier (Orangenlikör)

1 Zucker, Rotwein, Gewürze und Orangensaft erhitzen, die Feigen hineingeben, einmal aufkochen lassen und vom Herd ziehen. Abgedeckt 6 Stunden marinieren.
2 Die Feigen herausnehmen und kühl stellen. Die Flüssigkeit auf etwa ein Viertel einkochen, durch ein Sieb gießen und abkühlen lassen.
3 Kurz vor dem Servieren die Sahne mit Sahnesteif steif schlagen. Dabei den Zucker einrieseln lassen und den Grand Marnier unterziehen.
4 Je 3 Feigen mit etwas Sauce auf einem Teller anrichten und mit Sahne garnieren.

MOHN-GRIESS-SCHMARRN MIT APRIKOSENMUS

hb

Polentagrieß und Mohn verbinden sich mit Reisdrink zu einem süßen Schmarrn ganz ohne Ei und Milch.

Für 2 Personen Zubereitungszeit: **55 Minuten**

Für das Aprikosenmus:

150 g Aprikosen (im Winter ersatzweise getrocknete Soft-Aprikosen)

100 g Haselnussmus

240 ml Apfelsaft

1 TL frisch geriebener Ingwer

1 TL abgeriebene Schale einer unbehandelten Zitrone

Für den Schmarrn:

1 Prise Meersalz

1 Messerspitze gemahlene Vanille

150 g feiner Polentagrieß

150 ml Reisdrink

40 g gemahlener Mohn

2–3 EL Ahornsirup

2 EL Kokosfett (zum Braten)

Evtl. etwas Ahornsirup zum Servieren

1. Für das Aprikosenmus die Aprikosen entsteinen und mit Nussmus, etwas Apfelsaft und den Gewürzen im Mixer pürieren. Nach und nach den gesamten Apfelsaft zugeben und alles zu einem sämigen Mus mixen. Zum Servieren leicht erwärmen.
2. Für den Schmarrn ½ l Wasser zum Kochen bringen, Salz und Vanille zugeben. Die Polenta mit dem Schneebesen einrühren und 1–2 Minuten unter ständigem Rühren kochen lassen. Auf der ausgeschalteten Platte etwa 20 Minuten zugedeckt ziehen lassen. Reisdrink, Mohn und Sirup unterrühren und auskühlen lassen.
3. Das Kokosfett in einer großen beschichteten Pfanne erhitzen, die Grießmasse hineinfüllen und glatt streichen. Nach einigen Minuten mit einem Pfannenwender umdrehen und in Stücke zerstoßen. Weiterbraten, bis der Schmarrn etwas Farbe angenommen hat, und mit dem lauwarmen Aprikosenmus servieren. Nach Belieben mit Ahornsirup beträufeln.

TOFUKNÖDEL AUF KIRSCHEN-SPIEGEL MIT SCHOKOSAUCE

hb

Tofu statt Topfen für die beliebten österreichischen Dessertknödel – in Mandeln gewälzt und mit üppiger Kirschsauce fast ein Hauptgericht.

Für 2–3 Personen Zubereitungszeit: **40 Minuten**

Für die Tofuknödel:

200 g Tofu, natur

1 TL Zitronensaft

½ TL abgeriebene Schale einer unbehandelten Zitrone

1 Prise Salz

1 EL Pflanzenöl

1 EL Reismalz

¼ TL gemahlene Vanille

2 EL Kamutgrieß

50 g geriebene Mandeln oder Walnüsse zum Wälzen

Für den Kirschenspiegel:

250 g entkernte Kirschen oder Kirschkompott

175 ml Apfelsaft, naturtrüb

1 Prise Meersalz

1 TL Kuzu oder Pfeilwurzelmehl

1 Stängel Melisse

Für die Schokosauce:

50 g vegane Schokolade

100 ml Reisdrink

1 Tofu im Mixer pürieren, sodass er die Konsistenz von Quark erhält. Alle übrigen Zutaten für die Knödel – außer Mandeln oder Nüssen – gründlich untermischen. 15 Minuten ruhen lassen. Von dem Knödelteig mit einem Esslöffel jeweils eine große Nocke abstechen und mit nassen Händen zu einem golfballgroßen Knödel formen.

2 In der Zwischenzeit die Schokosauce vorbereiten. Dafür die vegane Schokolade in Stückchen brechen und mit dem Reisdrink erwärmen, bis die Schokolade geschmolzen ist. Gut verrühren und abkühlen lassen.

3 Einen Topf mit Dämpfeinsatz 3 cm hoch mit Wasser füllen, das Wasser zum Kochen bringen. Das Dämpfsieb hineinstellen, sodass es die Wasseroberfläche nicht berührt. Darin die Knödel über Dampf 6–8 Minuten garen. Die Knödel noch heiß in geriebenen Mandeln oder Walnüssen wälzen.

4 Während die Knödel garen für die Kirschsauce die Hälfte der Kirschen mit Apfelsaft und Salz pürieren und aufkochen. Kuzu mit 2 EL Wasser glatt rühren, in die Kirschmischung einrühren und 2 Minuten leise kochen lassen. Die restlichen Kirschen halbieren, dazugeben und 2 Minuten ziehen lassen. Melisse waschen, trocken tupfen und die Blättchen abzupfen.

5 Die Kirschsauce auf tiefe Portionsteller verteilen, die warmen Knödel darauflegen und mit Schokosauce und Melisse garnieren.

♥ **TIPP:** *Als glutenfreie Alternative zur Bindung mit Kamutgrieß verwenden Sie die gleiche Menge, also 2 EL, Buchweizenmehl für die Tofuknödel.*

BIRNEN-MANDEL-STRUDEL hb

Süßer Strudel einmal mit Birnen statt Äpfeln, saftig und nussig durch die Mandeln in der Füllung.

Für 4–6 Personen Zubereitungszeit: **1 Stunde + 40 Minuten Backzeit**

Für den Strudelteig:

100 g Dinkelmehl (Type 1050)
190 g Dinkel-Vollkornmehl
3 EL Olivenöl
1 TL Apfelessig
2 EL Sonnenblumenöl zum Bestreichen
3 EL Dinkelmehl zum Bestauben
2 EL Sojadrink zum Bestreichen

Für die Birnenfülle:

9–10 mittelgroße Birnen
1 EL Kokos- oder Bratöl
2 TL gemahlener Zimt
1 TL gemahlener Kardamom
1 Prise Salz
150 g geriebene Mandeln
2 EL Kakao

1. Beide Mehlsorten in eine Schüssel geben, in die Mitte eine Vertiefung drücken und alle flüssigen Zutaten zusammen mit 180 ml lauwarmem Wasser hineingeben. Mit einer Gabel das Mehl langsam in kreisenden Bewegungen einrühren, bis sich die gesamte Flüssigkeit mit dem Mehl vermischt hat. Den Teig mit den Händen etwa fünf Minuten kneten, bis er zart und geschmeidig ist. Eventuell noch Mehl beigeben.
2. Den Teig zu einem flachen Laib formen und in einen tiefen Teller legen. Mit etwas Sonnenblumenöl bestreichen, damit er nicht austrocknet und bricht. Mit einer Schüssel abdecken und an einem warmen Platz 30 Minuten ruhen lassen.
3. Für die Füllung die Birnen schälen, vom Kerngehäuse befreien und feinblättrig schneiden. Mit dem Öl in einem großen Topf erhitzen. 1 TL Zimt, Kardamom, Salz und ⅛ l Wasser zufügen. Abgedeckt bei mittlerer Hitze 10 Minuten leise kochen lassen, dabei ab und zu umrühren. Vom Herd ziehen, auskühlen und in einem Sieb abtropfen lassen.
4. Den Backofen auf 180 °C vorheizen. Ein flaches Blech mit Backpapier belegen. Mandeln mit Kakaopulver und dem restlichen Zimt vermengen.
5. Ein großes Geschirrtuch (60 x 60 cm) mit Mehl bestreuen. Den Teig mit der öligen Seite nach oben auf das Tuch legen und mit Mehl bestreuen. Zu einem Rechteck ausrollen, bis er nur noch 2–3 mm dick ist. Oder den Teig über die Handrücken sehr dünn ausziehen.
6. Die Mandelmischung auf den Teig streuen, dabei auf allen Seiten 2 cm frei lassen. Die Birnen darauf verteilen. Linken und rechten Rand 2 cm einschlagen. Den Strudel mithilfe des Geschirrtuchs aufrollen und auf das Blech gleiten lassen. Strudel mit Sonnenblumenöl bestreichen und im Backofen etwa 30 Minuten backen. Das restliche Öl mit dem Sojadrink verrühren und den Strudel damit bestreichen. Weitere 10 Minuten backen.
7. Den Strudel lauwarm oder kalt servieren.

TIPP: *Wer mag, gibt noch einen Klecks* ***Kokossahne*** *dazu. Sie muss allerdings 2 Stunden vor dem Servieren vorbereitet werden: Man füllt 200 g Seidentofu, 200 ml Kokosmilch, 1 EL weiches Kokosfett und 250 g Reissirup in einen Standmixer, verquirlt alles kräftig und stellt die Mischung für 2 Stunden in den Kühlschrank. Kurz vor dem Servieren dann noch einmal kurz aufmixen.*

SCHUPFNUDELN MIT GRANATAPFELSAUCE

hb

Kamut, eine Urform des Hartweizens, kann wie Weizen verwendet werden, enthält aber wesentlich mehr Proteine und Mineralstoffe als dieser. Zudem schmeckt er fein nussig.

Für 2–4 Personen (Haupt- oder Nachspeise) Zubereitungszeit: **70 Minuten**

Für die Schupfnudeln:

- ½ l Reisdrink
- 1 Prise Salz
- ½ TL gemahlene Vanille
- ½ TL Zimt
- 220 g Kamutgrieß
- 1 EL Kokosfett
- 4 EL Ahornsirup
- 2–3 EL Bratöl (zum Anbraten)
- 80 g geriebene Haselnüsse

Für die Granatapfelsauce:

- 300 ml Granatapfelsaft
- 1 Prise Meersalz
- 1 EL Kuzu oder Pfeilwurzelmehl

1. Für die Schupfnudeln Reisdrink mit Salz, Vanille und Zimt aufkochen. Kamutgrieß einrühren und 2–3 Minuten unter ständigem Rühren kochen lassen, bis ein dicker Brei entsteht. Kokosfett unterrühren und den Brei zugedeckt 20 Minuten bei schwacher Hitze ziehen lassen. Ahornsirup unterrühren und den Brei auskühlen lassen.
2. Für die Granatapfelsauce den Saft aufkochen und salzen. Kuzu oder Pfeilwurzelmehl mit 2 EL Wasser glatt rühren, in den Saft einrühren und 2 Minuten unter Rühren kochen lassen. Vom Herd ziehen.
3. Jeweils ½–1 EL von der Grießmasse abstechen, mit den Händen zu länglichen Würsten formen, die an den beiden Enden spitz zulaufen. In einer Pfanne das Öl erhitzen. Die Schupfnudeln in den geriebenen Haselnüssen wälzen und kurz im heißen Öl von allen Seiten anbraten.
4. Zum Servieren die Granatapfelsauce als Spiegel auf Dessertteller gießen und die Schupfnudeln hineinsetzen.

& **VARIANTE:** *Im Sommer können Sie auch mit frischen Johannisbeeren aus dem Garten eine angenehm* ***säuerliche Fruchtsauce*** *zu den Schupfnudeln kochen. Dafür eine Handvoll abgezupfte Beeren mit einigen EL Apfelsaft kurz in einem Topf erhitzen, bis die Beeren platzen. Durch ein Sieb streichen und wie in Schritt 2 bei der Granatapfelsauce mit Kuzu oder Pfeilwurzelmehl binden.*

DINKEL-BUCHWEIZEN-PFANNKUCHEN

hb

Vegane Pfannkuchen aus einer feinen Mehlmischung lassen sich mit Konfitüre füllen, mit Nussmuss oder mit beidem.

Für etwa 8 Pfannkuchen à 18 cm Ø (2 Portionen) Zubereitungszeit: **40 Minuten**

Für die Pfannkuchen:

100 g Dinkelmehl (Type 1050)

35 g Dinkel-Vollkornmehl

1 Prise Meersalz

1 Prise Kurkuma

2 EL Buchweizenmehl

1 EL Pfeilwurzelmehl

190 ml Haferdrink

Etwa ⅛ l Mineralwasser mit Kohlensäure

2 EL Bratöl

Für die Fülle:

2 EL Mandelmus

2 EL Preiselbeerkonfitüre (ohne Gelatine, zuckerfrei)

1 Alle Zutaten für die Pfannkuchen mit dem Schneebesen verrühren, sodass ein dünnflüssiger Teig entsteht. Eventuell noch einmal mit dem Mixstab verrühren, der Teig sollte ganz glatt sein. 15 Minuten quellen lassen. Bei Bedarf noch etwas Mineralwasser unterrühren.

2 Für die Fülle das Mandelmus mit Konfitüre und 2 EL Wasser verrühren und beiseitestellen.

3 Eine Crêpe-Pfanne erhitzen, mit Öl einpinseln und einen Schöpflöffel Teig eingießen, dabei die Pfanne leicht schräg halten, damit sich der Teig gut verteilen kann. Auf diese Weise den gesamten Teig verarbeiten. Jeder Pfannkuchen sollte auf jeder Seite 2–3 Minuten goldgelb gebacken werden. Fertige Pfannkuchen auf einem vorgewärmten Teller im Backofen bei 130 °C warm stellen.

4 Zum Servieren jeden Pfannkuchen mit Fülle bestreichen und aufrollen oder zusammenklappen. Möglichst heiß servieren.

HEIDELBEER-PANCAKES

hb

Heidelbeer-Pancakes, die Klassiker zum amerikanischen Frühstück, schmecken zur Teestunde oder einfach zwischendurch.

Für 6–8 Pancakes à 10 cm Ø (2 Portionen) Zubereitungszeit: **30 Minuten**

150 g Dinkel-Vollkornmehl
50 g Dinkelmehl (Type 1050)
1 TL Backpulver
1 Prise Salz
1 EL Reissirup
1 TL Bratöl
Etwa 190 ml Mineralwasser mit Kohlensäure
125 g Heidelbeeren (frisch oder TK)
Brat- oder Kokosöl zum Braten
2–3 EL Reis- oder Ahornsirup zum Beträufeln

1 Alle Zutaten – ausgenommen die Heidelbeeren – mit dem Mixstab glatt rühren. Den Teig 15 Minuten ruhen lassen. Ist er zu dick, noch etwas Mineralwasser unterrühren. Die Heidelbeeren unterheben.

2 Öl in eine beschichtete Pfanne geben und erhitzen. Einen kleinen Schöpflöffel Teig pro Pancake eingießen. Jeder Pancake soll etwa 10 cm Ø haben, 2–3 Pancakes passen größenmäßig gut in die Pfanne. Die Pancakes bei mittlerer Hitze von beiden Seiten goldgelb braten.

3 Die Pancakes möglichst heiß mit Reis- oder Ahornsirup beträufelt servieren.

ZWETSCHGENFLECK

Saftiger Herbstkuchen mit Zwetschgen frisch vom Baum.
Schmeckt im Sommer auch mit Kirschen oder Aprikosen.

Für 1 Backblech (etwa 32 x 40 cm) Zubereitungszeit: **20 Minuten + 40 Minuten Backzeit**

185 g Dinkelmehl (Type 1050)
280 g Dinkel-Vollmehl
½ TL Meersalz
1 ½ TL Natron
120 ml Sonnenblumenbratöl
230 ml Sojadrink
360 g Reissirup
1 TL Apfelessig
½ TL Vanillepulver
1 kg Zwetschgen, entsteint und halbiert (ersatzweise TK)

1 Den Backofen auf 180 °C vorheizen. In einer Schüssel alle trockenen Zutaten miteinander verrühren. In einer zweiten Schüssel alle flüssigen Zutaten miteinander verrühren.

2 Trockene und flüssige Zutaten mit einem Schneebesen kurz verrühren. Das Backblech mit Backpapier belegen und den Teig gleichmäßig aufstreichen – am besten die Teigkarte zwischendurch in kaltes Wasser tauchen. Mit den Zwetschgen belegen.

3 Den Zwetschgenfleck etwa 40 Minuten backen und kurz abkühlen lassen. Lauwarm oder kalt servieren.

TIPPS:

- *Wenn Sie sehr saure Früchte verwenden, beträufeln Sie den Kuchen noch mit etwas Ahornsirup, bevor er in den vorgeheizten Backofen kommt.*
- *Dazu passt die Kokossahne von Seite 165.*

ERDBEER-RHABARBER-TÖRTCHEN

dn

Die Törtchen erfreuen nicht nur den Gaumen, sondern auch das Auge – am besten ganz frisch aus dem Ofen.

Für 4 Törtchen à 12 cm Ø oder 6 Törtchen à 10 cm Ø Zubereitungszeit: **40 Minuten + 25 Minuten Backzeit**

Für den Teigboden:
40 g zerlassene Kakaobutter
50 g Puderzucker
2 P. Bourbon-Vanillezucker (20 g)
½ TL Backpulver, 1 Prise Salz
150 g Mehl
Mehl und Rapsöl für die Förmchen

Für die Mandelfülle:
20 g Kakaobutter
⅛ l Mandeldrink
50 g Puderzucker
2 P. Bourbon-Vanillezucker (20 g)
1 Prise Salz
Abgeriebene Schale von ½ unbehandelten Zitrone
70 g Mehl, ½ TL Backpulver
50 g geriebene Mandeln
1 EL Amaretto (Mandellikör)

Zum Belegen:
Je 120 g Rhabarber und Erdbeeren
2 EL Rohrohrzucker
4 EL Weißwein

1. Die Zutaten für den Boden mit 4 EL Wasser zu einem glatten Teig verkneten, in Folie wickeln und etwa 15 Minuten bei Zimmertemperatur ruhen lassen.
2. In der Zwischenzeit den Rhabarber schälen und in 1 cm lange Stücke schneiden. Mit 1 EL Zucker in einem Töpfchen andünsten, mit dem Weißwein ablöschen und kurz etwas einkochen lassen, bis kaum mehr Flüssigkeit vorhanden ist. Abkühlen lassen. Die Erdbeeren putzen, vierteln oder achteln und untermischen.
3. Für die Fülle die Kakaobutter schmelzen. Den Mandeldrink mit Puderzucker, Vanillezucker, Salz und Zitronenschale aufschlagen. Die zerlassene Kakaobutter zusammen mit Mehl, Backpulver und Mandeln einrühren. Den Amaretto zugeben.
4. Den Teig in vier Portionen teilen und jede Portion auf einer bemehlten Arbeitsfläche zu einem Kreis von etwa 16 cm Ø ausrollen. Wenn Sie mehr und kleinere Förmchen verwenden, Teigportionen und -größen entsprechend anpassen. Vier Tartelett-Förmchen (Ø 12 cm) mit Rapsöl auspinseln und mit Mehl bestauben. Die vier Kreise in die Förmchen legen. Vorsichtig festdrücken und mit einer Gabel mehrmals einstechen. Die Mandelmasse auf die Teigböden verteilen. Den Backofen auf 200 °C vorheizen.
5. Die Fruchtstücke ohne Saft mittig auf der Mandelmasse verteilen und mit dem restlichen Rohrzucker bestreuen. Die Törtchen etwa 25 Minuten backen, danach auf einem Kuchengitter abkühlen lassen und vorsichtig aus den Formen lösen.

♥ TIPPS:

- *Besonders fein: Die Törtchen noch lauwarm mit aufgeschlagener Sojasahne oder einer Kugel veganem Vanilleeis servieren und mit echten Blüten, z. B. Veilchenblüten, garnieren. Wenn die Erdbeer- und die Rhabarberzeit vorbei sind, nehmen Sie stattdessen frische Kirschen, Brombeeren oder Heidelbeeren. Auch rote und schwarze Johannisbeeren als Belag harmonieren aufs Feinste mit der Mandelfüllung.*
- *Beim Verarbeiten von Rhabarber keine Metallgefäße oder Alufolie verwenden, da die Fruchtsäure damit reagiert und den Geschmack leicht bitter werden lässt.*
- *Statt der geschmacklich sehr feinen, aber auch teuren Kakaobutter können Sie für Boden und Fülle natürlich auch Kokosfett verwenden.*

APFEL-PREISELBEER-KUCHEN MIT WALNUSSSTREUSELN

hb

Ein Kuchen für die große Runde, den man sogar lauwarm essen kann – mit Sahne serviert auch als fruchtiges Dessert.

Für 1 Backblech (etwa 32 x 40 cm) Zubereitungszeit: **1 Stunde + 45 Minuten Backzeit**

Für den Apfel-Preiselbeer-Kuchen:

- 185 g Dinkelmehl (Type 1050)
- 325 g Dinkelvollkornmehl
- 1/2 TL Meersalz
- 1 TL Natron
- 1/2 TL gemahlene Vanille
- 75 g geriebene Mandeln
- 140 ml Sonnenblumenbratöl
- 1/4 l Sojadrink
- 360 g Reissirup
- 1 l L Apfelessig
- 1 1/2 kg Äpfel, geschält und grob geraspelt
- 1 Glas Preiselbeermarmelade, zuckerfrei (250 g)
- 1/2 TL gemahlener Zimt

Für die Walnussstreusel:

- 250 g Dinkelvollkornmehl
- 125 g vegane Margarine
- 60 g Ahornsirup
- 1 Prise Salz
- 60 g Walnusskerne, fein gehackt

1 Alle Zutaten für die Streusel in eine Schüssel geben und mit den Fingern verreiben, bis feine Streusel entstanden sind. Den Backofen auf 180 °C vorheizen. Ein Backblech mit Backpapier belegen.

2 Für den Teig die beiden Dinkelmehle mit Salz, Natron, Vanille und Mandeln mischen. In einer zweiten Schüssel das Öl mit Sojadrink, Sirup und Essig verrühren. Die beiden Mischungen mit einem Schneebesen kurz vermengen.

3 Die Äpfel mit Preiselbeermarmelade und Zimt mischen. Den Teig auf das Backblech geben und mit einer Teigkarte glatt streichen. Die Teigkarte dabei zwischendurch in kaltes Wasser tauchen. Die Apfelmasse darauf verteilen. Die Streusel auf die Äpfel bröseln und den Kuchen in etwa 45 Minuten goldgelb backen.

♥ **TIPPS:**

- *Den Kuchen am besten ganz frisch mit Kokossahne (siehe Tipp Seite 165) servieren.*
- *Auch reife Birnen eignen sich gut für den Blechkuchen. Sie passen, wie die Äpfel, gut zu Preiselbeeren. Ein ganz besonderes Aroma verleiht Quittenmus den Birnen, das Sie einfach in großen Klecksen über die Birnen verteilen. Dazu harmonieren fein gehackte Haselnüsse oder Mandeln in den Streuseln.*

MARONENTASCHERL hb

Die Kastanienfülle ist das Besondere an diesen Tascherln, wie sie in Österreich heißen – zum Formen braucht man Fingerspitzengefühl, aber der Aufwand lohnt sich!

Für 16 Stück Zubereitungszeit: **45 Minuten + 2 Stunden Kühlzeit**

Für den Teig:

Etwa 250 g Dinkelmehl (Type 1050)

150 g vegane Margarine

1 Prise Meersalz

100 g Reissirup

Mehl für die Arbeitsfläche

Für die Fülle:

100 g Maronen, gegart (vakuumiert)

1 EL Reissirup

80 g Sauerkirschmarmelade

60 g gehackte Mandeln zum Garnieren

4 EL Reissirup zum Garnieren

1 Für den Teig das Mehl in eine Schüssel geben, Margarine in kleinen Stücken zufügen. Salz und Reissirup zugeben und alles zu einem geschmeidigen Teig verkneten. Ist der Teig sehr weich, noch ein wenig Mehl zugeben. Die Schüssel mit Frischhaltefolie überziehen und für mindestens 2 Stunden (oder über Nacht) in den Kühlschrank stellen. Für die Fülle die Maronen mit Reissirup pürieren.

2 Den Backofen auf 200 °C schalten. Den Teig auf der bemehlten Arbeitsfläche dünn ausrollen. Mit einem Messer oder einem Teigrädchen 7 x 7 Zentimeter große Quadrate ausschneiden. Auf jedes Quadrat je 1 TL Maronenpüree und Marmelade geben und den Teig zum Dreieck zusammenklappen. Die Ränder gut andrücken.

3 Die Maronentascherl auf ein mit Backpapier belegtes Blech legen und in 15 Minuten goldgelb backen. In der Zwischenzeit die gehackten Mandeln in einer Pfanne ohne Fett leicht anrösten, sie sollen aber nicht zu braun werden.

4 Die Tascherl auf einem Kuchengitter erkalten lassen. Mit erwärmtem Reissirup bestreichen und mit Mandeln bestreuen.

HIMBEERMUFFINS

hb

Schnelle Muffins aus dem Vorrat – die kommen auch bei Kindern gut an und lassen sich mit verschiedenen Früchten immer wieder variieren.

Für 12 Muffins Zubereitungszeit: **20 Minuten + 35 Minuten Backzeit**

- 210 g Dinkelmehl (Type 1050)
- 2 TL Backpulver
- 1 TL Meersalz
- ½ TL gemahlene Vanille
- 60 g Mandelstifte
- 240 ml Birnensaft
- 240 g Reissirup
- 120 ml Olivenöl
- 200 g Himbeeren (frisch oder TK)

1. Den Backofen auf 175 °C Umluft vorheizen. Die trockenen Zutaten in einer Rührschüssel gut vermischen, die flüssigen in einem zweiten Gefäß verrühren.
2. Die flüssige Mischung mit einem Schneebesen in die Mehlmischung einrühren. Dann mit einem Kochlöffel die Himbeeren unterheben.
3. Ein Muffinblech mit 12 Mulden mit Papierförmchen auslegen. Den Teig auf die Förmchen verteilen und im vorgeheizten Backofen in etwa 35 Minuten hellgelb backen.

BROWNIES MIT ORANGENGLASUR

hb

Die beliebten Brownies in Vegan – schnell gemacht und durch Kakao und Tahin wunderbar schokoladig-nussig.

Für eine viereckige Backform (etwa 24 x 32 cm)
Zubereitungszeit: **30 Minuten + 55 Minuten Backzeit**

Für den Teig:
- 210 g Dinkelmehl (Type 1050)
- 70 g Reismehl
- 50 g Kakao
- 1 TL Backpulver
- 1 TL Natron
- ½ TL gemahlene Vanille
- 300 g Ahornsirup
- 120 ml Sonnenblumenöl
- 240 ml Sojadrink
- 60 g Tahin
- 180 g Reissirup
- Vegane Margarine und Dinkelmehl für die Form

Für die Glasur:
- 100 g vegane Schokolade
- 65 ml Reisdrink
- 200 g Seidentofu
- 1 EL Ahornsirup
- 3 Tropfen Bio-Orangenöl

1. Den Backofen auf 170 °C vorheizen. In einer Schüssel alle trockenen Zutaten vermischen. In einer zweiten Schüssel die flüssigen Zutaten verrühren. Beide Mischungen mit einem Schneebesen kurz verrühren.
2. Den Boden der Backform mit Backpapier auslegen, die Ränder der Form einfetten und mit Mehl bestauben. Die Masse einfüllen und im vorgeheizten Backofen etwa 45 Minuten backen. Kurz in der Form abkühlen lassen. Auf ein Kuchengitter stürzen, das Backpapier abziehen und vollständig auskühlen lassen.
3. Für die Glasur die Schokolade in Stücke brechen und mit dem Reisdrink erwärmen. Mit einem Schneebesen glatt rühren und mit den restlichen Zutaten im Standmixer zu einer glatten Glasur mixen. Etwas abkühlen lassen.
4. Kuchen damit überziehen und die Glasur trocknen lassen. Den Kuchen in Stücke schneiden.

& **VARIANTE:** *Für saftige* ***Minzbrownies*** *den Schokoboden wie oben zubereiten. Für die Glasur 200 g vegane Schokolade in 100 ml Reisdrink schmelzen und mit 200 g Seidentofu, 1 Prise Salz, 2–4 Tropfen ätherischem Minzöl und 50–100 g Ahornsirup (je nach gewünschter Süße) in einer Küchenmaschine gut mixen. Die Glasur 1 Stunde kaltstellen und den Brownieboden damit bestreichen.*

ENERGIEKUGELN

hb

Diese Kraftpäckchen aus Früchten, Samen und Getreide sollte man immer im Vorrat haben. Für unterwegs eingepackt, spenden sie Energie auf Reisen, in der Schule und am Arbeitsplatz.

Für 20 Kugeln Zubereitungszeit: **30 Minuten + 1 Stunde Einweichzeit**

- 2 EL Rosinen
- 2 EL Apfelsaft
- 2 EL Sonnenblumenkerne
- 1 EL Sesamsamen
- 300 g gekochter Hirse- oder Polentabrei (von Seite 44/45)
- 1–2 EL Reissirup
- 6 EL Kokosraspel
- 1 TL Kokosfett

1. Rosinen mindestens 1 Stunde im Apfelsaft einweichen. Sonnenblumenkerne und Sesam in ein Sieb geben und unter fließendem Wasser waschen. In einer Pfanne bei schwacher Hitze trocknen lassen. Die Kerne mit dem Brei, Rosinen, Sirup und 1 EL Kokosraspel verkneten. Aus der Masse mit angefeuchteten Händen kleine Kugeln formen.
2. Das Kokosfett in einer Pfanne erhitzen und die restlichen Kokosraspel darin goldgelb rösten. In einem tiefen Teller erkalten lassen. Die Kugeln leicht mit Wasser befeuchten und in den Kokosraspeln wälzen. Im Kühlschrank aufbewahren.

GEFÜLLTE MARZIPANBÄLLCHEN

bc

Marzipankonfekt zum Espresso – das ist unser liebster Abschluss eines festlichen veganen Menüs.

Für 20 Stück Zubereitungszeit: **1 Stunde + 1 Stunde Kühlzeit**

- 50 g getrocknete Datteln
- 50 g Dörrpflaumen
- 1 EL Zitronat
- Abgeriebene Schale von ½ unbehandelten Zitrone
- 1 EL Rum
- 1 TL Zitronensaft
- 200 g Marzipanrohmasse
- 1 EL Kakaopulver
- ½ TL Puderzucker

1. Datteln und Dörrpflaumen entsteinen. Zusammen mit dem Zitronat sehr fein hacken oder in der Küchenmaschine zerkleinern. Abgeriebene Zitronenschale, Rum und Zitronensaft zugeben und verkneten. 1 Stunde kühl stellen.
2. Das Marzipan in 20 gleich große Teile schneiden. Jedes Teil zu einer Kugel rollen, in der Hand flach drücken und mit einem Teelöffel etwas Fruchtfülle in die Mitte geben. Marzipan um die Fülle herum schließen und zum Bällchen rollen.
3. Kakao und Puderzucker vermischen und die Bällchen darin wälzen, bis sie gleichmäßig überzogen sind. Die Marzipanbällchen mindestens 1 Stunde kühl stellen und in Pralinenförmchen aus Papier servieren.

Austauschtabelle

Konventionell	Vegane Alternative
Fleisch	
Steaks/Schnitzel	Steaks/Schnitzel aus texturiertem Soja (Trockenware), Tofu, Seitan, Tempeh, Lupine
Geschnetzeltes	Sojaschnetzel, Seitan/Tempeh/Lupine schnetzeln
Speck, Räucherschinken	Räuchertofu
Hackfleisch	Sojagranulat, Grünkernschrot, Linsenschrot, Kichererbsenschrot
Würstchen	Sojawürstchen, Seitanwürstchen (Weizenbasis)
Milch und Milchprodukte	
Kuhmilch/Ziegenmilch	Pflanzenmilch: Soja-, Hafer-, Hanf-, Mandel- oder Reisdrink
Butter	Vegane Butter oder Margarine, Pflanzenöle, Pflanzenfett zum Backen
Sahne	Kokos-, Soja-, Reis- oder Hafersahne
Schlagsahne	Soja- oder Kokosschlagcreme
Quark	Seidentofu, Sojajoghurt (einige Stunden in einem Sieb abtropfen lassen ergibt eine quarkähnliche Konsistenz)
Joghurt	Soja- oder Kokosjoghurt
Käse	Pflanzlicher Käseersatz **Selbst gemachter Hefeschmelz zum Überbacken:** 3 EL Pflanzenmargarine schmelzen, 3 TL Mehl einrühren, 100 ml Wasser unterrühren, 4 EL Hefeflocken, ½ TL Paprika, edelsüß, 1 TL Meersalz und 50 ml Wasser unterrühren, aufkochen lassen und 1 TL Senf untermischen
Eier	
1 Ei (im Kuchen)	• ½ Banane (püriert) oder 3 EL (75 g) ungesüßtes Apfelmus • 2 TL (10 g) Ei-Ersatzpulver (Reformhaus), mit 40 ml warmem Wasser angerührt (bei einem Rezept mit mehr als 4 Eiern sind 3 Portionen Ei-Ersatz ausreichend) • **Selbst gemachter Ei-Ersatz:** 2 EL Mehl mit 1 EL Backpulver, 2 EL Sonnenblumenöl, 3 EL Wasser kräftig mit dem Pürierstab aufschlagen (besonders für Kuchenteige und Muffins geeignet) • 2 EL Leinsamenschrot, mit 3 EL warmem Wasser angerührt • 1 EL Sojamehl (vollfett), mit 2 EL kohlesäurehaltigem Mineralwasser angerührt • 75 g pürierter Seidentofu
1 Ei (Rührei)	Tofu (Seite 47, Scrambled Veggs)
Sonstiges	
Bindemittel/Gelatine	Agar-Agar, Johannisbrotkernmehl, Guarkernmehl, Kartoffelmehl, Kuzu, Maisstärke, Pfeilwurzelmehl
Honig/weißer Zucker	Agavendicksaft, Ahornsirup, Apfel- und Birnendicksaft, Reismalz, Reissirup, Rohzucker, Stevia

GLOSSAR

Agar-Agar

Pflanzliches Binde- und Geliermittel aus Meeresalgen, als Pulver oder Flocken erhältlich. Es ersetzt Gelatine in Süßspeisen, Tortenguss und Marmeladen, weil es vollkommen geschmacksneutral ist, und besitzt eine stärkere Gelierkraft als Gelatine. Agar-Agar muss in der Speise aufgekocht werden, damit es geliert. Es unterstützt die Darmfunktion, senkt den Cholesterinspiegel und hilft gegen Bluthochdruck.

Agavendicksaft/Agavensirup

Den eingedickten Saft der Agave, einer stacheligen Wüstenpflanze, die in Südamerika kultiviert wird, importieren wir vor allem aus Mexiko. Süßt etwas stärker als Honig und als weißer Zucker. Je heller der Saft ist, desto weniger Eigengeschmack hat er – der dünnflüssige, hellgelbe Sirup ist absolut geschmacksneutral. Universell verwendbar in heißen und kalten Getränken, in Salatsaucen und zum Kochen und Backen.

Ahornsirup

Der eingedickte Saft einer bestimmten Ahornart, die vor allem in Kanada wächst, wo auch 90 Prozent des weltweit verkauften Ahornsirups produziert wird. Die Bäume werden dazu angebohrt, ihr Saft abgezapft und durch Kochen eingedickt. Ahornsirup schmeckt wie Agavensirup intensiver, je dunkler die Farbe ist.

Apfel- oder Birnendicksaft

Eingedickter Saft von Äpfeln oder Birnen; süßer, fruchtiger Eigengeschmack.

Guarkernmehl

Bindemittel aus den Samen der Guarbohne.

Hefeflocken

Natürliche Vitamin-B-Lieferanten, gleichzeitig mineralienreiche Geschmacksverstärker, die sehr gut als Käseersatz verwendet werden können.

Johannisbrotkernmehl/Carobpulver

Bindemittel aus den getrockneten und gemahlenen Kernen der Früchte des Johannisbrotbaumes, der vor allem in Südeuropa und Nordafrika kultiviert wird. Johannisbrotkernmehl bindet Flüssigkeiten auch ohne Erhitzen. Carob wird aus den Schoten erzeugt und als Kakaoersatz verwendet.

Kokosmilch

Kokosmilch wird aus gepresstem Kokosmark gewonnen und verleiht den Gerichten eine cremige Konsistenz und nussiges Aroma. Sie wird in Suppen, Currys und Süßspeisen verwendet.

Ku(d)zu

Bindemittel aus der Wurzel der japanischen Kuzupflanze. Das klumpige Pulver wird in aufwändiger Arbeit aus der Wildsammlung der Pflanze in Japan gewonnen und ist deshalb ziemlich teuer. In Japan gilt das Pulver traditionell auch als Heilmittel, unter anderem gegen Stoffwechselstörungen und Magen-Darm-Beschwerden. Kuzu wird nicht mitgekocht, sondern mit wenig kaltem Wasser glatt gerührt oder in einem kleinen verschließbaren Glas aufgeschüttelt und in die Speisen eingerührt.

Lupine

Die Blaue Süßlupine (Lupinus angustifolius), aus der gleichen Pflanzenfamilie wie die Sojabohne, enthält in ihren Samen hochwertiges Eiweiß. In den letzten Jahren hat man daraus Fleischersatz entwickelt, der bereits im Naturkosthandel vertrieben und genauso hergestellt wird wie Tofu aus der Sojabohne. Ein Vorteil der Lupine: Sie wächst auch bei uns, etwa in Nord- und Ostdeutschland, und muss nicht wie Soja von weit her importiert werden. Lupine kann wie Tofu verwendet werden.

Maisstärke

Bindemittel aus gemahlenen Maiskörnern zum Andicken von Suppen und Saucen, zum Backen und für Süßspeisen.

Pfeilwurzelmehl

Sammelname für Bindemittel aus verschiedenen Wurzeln und Knollen tropischer Pflanzen. Wird hauptsächlich auf einigen Karibikinseln produziert und ist zum Binden von Suppen, Saucen und Süßspeisen geeignet.

Pflanzenmilch

Wie Milch aussehende Getränke aus Getreide gibt es schon seit dem Mittelalter. Inzwischen stehen sie wieder hoch im Kurs – bei Veganern, Milchallergikern und vielen Gesundheitsbewussten. Sie dürfen seit einigen Jahren in der EU nur noch als „Drinks" verkauft werden. Für die Pflanzenmilch wird Vollkorngetreide vermahlen und mit Wasser gekocht. Fermentierung durch Enzyme und das Zusetzen von Pflanzenöl führen zur milchähnlichen Konsistenz. Viele der Pflanzendrinks lassen sich prima aufschäumen, etwa für Cappuccino.

Reissirup, Reismalz

Seit Jahrhunderten in Fernost verwendetes Süßungsmittel. Ähnlich wie bei der Herstellung von Pflanzenmilch werden für Reissirup die Reiskörner vermahlen, in Wasser gekocht und fermentiert, wodurch sich die enthaltene Stärke in Zucker umwandelt. Nach dem Filtrieren wird die süße Flüssigkeit eingedickt. In der Makrobiotik verwendet man Reismalz zum Süßen, weil es im Gegensatz zu Einfachzuckern keine Blutzuckersprünge verursacht. Es ist hervorragend zum Kochen und Backen geeignet oder für Salatdressings, wo nur ein Hauch Süße erwünscht ist.

Seitan

Seitan ist ein Fleischersatz mit hohem Eiweißgehalt, der von buddhistischen Mönchen erfunden wurde. Er wird durch Auswaschen der Stärke aus Weizen oder Dinkel gewonnen. Das verbleibende Klebereiweiß (Gluten) hat eine faserige, schnittfeste Struktur. Im Unterschied zu Fleisch enthält Seitan kein Cholesterin und so gut wie kein Fett. Seitan kann pur oder paniert, gebraten, gekocht oder frittiert zubereitet werden.

Shoyu

Milde Sojasauce aus Weizen. Shoyu ist nicht so salzig wie andere Sojasaucen, wegen des Weizens aber nicht für Allergiker geeignet.

Sojamehl

Sojamehl wird aus der gelben Sojabohne gewonnen und ist mit Wasser angerührt ein wunderbarer Ei-Ersatz. Nehmen Sie aber unbedingt „Vollsojamehl" – keine entfetteten Produkte!

Tahin

Paste aus fein gemahlenen Sesamkörnern, die sehr vitamin- und kalziumreich ist. Tahin verwendet man als Aufstrich pur oder gemischt, zum Beispiel mit pürierten Kichererbsen (Hummus), oder auch für Saucen und Gebäck. Der Geschmack ist angenehm nussig.

Tamari

Würzige Sojasauce ohne Weizen. Mit Tamari sollte man nicht bei Tisch nachwürzen, da das Durstgefühl verstärkt und die Lust auf Süßes angeregt werden kann. Es empfiehlt sich, Tamari im letzten Drittel des Kochprozesses beizufügen. Wenn man es zu Sushi reicht, sollte es mit Wasser verdünnt werden.

Tempeh

Tempeh ist ein Fleischersatz, der ursprünglich aus Indonesien stammt, inzwischen aber auch in Europa hergestellt wird. Tempeh besteht aus gekochten, geschälten Sojabohnen und wird durch die Zugabe eines Edelpilzes fermentiert. Ernährungsphysiologisch sehr wertvoll, weil die Fermentierung die Eiweißstoffe der Bohne zugänglich macht und unter anderem Blähungen reduziert. Tempeh wird in Asien gern mariniert und frittiert. Beim Kauf auf feste Konsistenz achten. Schwarze oder weiße Einschlüsse einfach wegschneiden.

Texturiertes Sojafleisch (Trockenware)

Sojafleisch ist ein industriell hergestellter Fleischersatz aus entfettetem Sojamehl. Es enthält viel Eiweiß und wenig Fett. Es ist in Steak-, Schnetzel-, Medaillon- und Würfelform erhältlich und als Granulat, etwa als Hackfleischersatz oder für Soja-Burger. Vor der Zubereitung muss es 10 Minuten in kochender Gemüsebrühe ziehen, damit es weich wird und wie Fleisch weiterverarbeitet werden kann.

Tofu, Räuchertofu, Seidentofu

Sojabohnen„käse", hervorragender Eiweiß- und Kalziumlieferant. Bei der Tofuherstellung werden eingeweichte Sojabohnen mit Wasser zu einem feinen Püree vermahlen. Dieses Püree wird anschließend filtriert, wodurch die festen Faserbestandteile vom flüssigen Anteil, der Sojamilch, getrennt werden. Die Sojamilch wird durch die Zugabe von natürlichen Gerinnungsmitteln zum Stocken gebracht, wobei ausgeflocktes Sojaeiweiß und Sojamolke entstehen. Das Sojaeiweiß presst man zu Blöcken, die vakuumverpackt und pasteurisiert in den Handel kommen. Tofu gibt es natur, geräuchert oder als cremigen Seidentofu. Letzterer eignet sich besonders für Desserts, Suppen und Saucen, oder auch als Ei-Ersatz. Natur-Tofu schmeckt sehr neutral und wird mariniert und gewürzt verwendet, während Räuchertofu, gern in der Pfanne gebraten, einen herzhaften Geschmack in die Gerichte bringt.

Veganer Joghurt

Vegane Joghurtalternativen gibt es auf Sojabasis. Selten ist auch Joghurt auf Kokosbasis erhältlich.

Veganer Käse

Das vegane Käseangebot – meist auf Sojabasis – wird immer besser und größer. Als Käseersatz beim Kochen kann man gut Hefeflocken verwenden. Sie machen die Gerichte cremiger, haben einen käseähnlichen Geschmack und sind reich an B-Vitaminen (siehe Austauschtabelle). Veganer geriebener „Parmesan" lässt sich ganz einfach aus Walnüssen, Nährhefeflocken und Steinsalz herstellen. **Tipp:** Viele griechische Geschäfte bieten ganzjährig den sogenannten Fasten-Käse an, den man in der traditionellen griechischen Fastenzeit verzehrt, während der man auf alle tierischen Produkte verzichtet. Hier gibt es zum Beispiel auch Feta auf Sojabasis.

Vegane Sahne

Pflanzliche Sahne gibt es auf Soja-, Reis-, Hafer-, Dinkel- und Kokosbasis. Zum Kochen kann man alle verwenden, nur wenige, vor allem jene auf Soja- oder Kokosbasis, sind aber zum Aufschlagen geeignet (Packungsaufschrift beachten). Auch die Zugabe von veganem Sahnesteif ist empfehlenswert. Hafersahne flockt beim Kochen nicht so leicht aus, ist jedoch nicht aufschlagbar. Sojasahne hat einen leicht süßlichen Geschmack und sollte erst zum Schluss zu Suppen und Saucen gegeben werden, weil sie zum Ausflocken neigt.

VERÖFFENTLICHUNGEN VON RUEDIGER DAHLKE

Neuerscheinungen
Mythos Erotik, Scorpio 2013 • Buch der Widerstände, Arkana 2013 • Geheimnis des Loslassens, GU 2013 • Störfelder und Kraftplätze, Crotona 2013

Grundlagenwerke
Die Schicksalsgesetze, Arkana 2009 • Das Schattenprinzip, Arkana 2010 • Die Lebensprinzipien (mit M. Dahlke), Arkana 2011

Krankheitsdeutung und Heilung
Krankheit als Symbol, C. Bertelsmann 2007 • Seeleninfarkt – Zwischen Burn-out und Bore-out, Scorpio 2012 • Krankheit als Sprache der Seele, Goldmann 2008 • Krankheit als Weg (mit T. Dethlefsen), Goldmann 2000 • Frauen-Heil-Kunde (mit M. Dahlke und V. Zahn), Goldmann 2003 • Aggression als Chance, Goldmann 2006 • Depression, Goldmann 2010 • Herz(ens)probleme, Neuausgabe, Goldmann 2011 • Das Raucherbuch, Neuausgabe, Goldmann 2011

Deutungsbücher
Die Spuren der Seele (mit Rita Fasel), GU 2010 • Der Körper als Spiegel der Seele, www.heilkundeinstitut.at • Die Psychologie des Geldes, Goldmann 2011

Krisenbewältigung
Lebenskrisen als Entwicklungschancen, Goldmann 2002 • Von der großen Verwandlung, Crotona 2011

Gesundheit und Ernährung
Peace Food, GU 2011 • Richtig essen, überarb. Neuausgabe, www.heilkundeinstitut.at • Das große Buch vom Fasten, Goldmann 2008 • Die Notfallapotheke für die Seele, Goldmann 2009 • Vom Mittagsschlaf zum Powernapping, Nymphenburger Fasten: Das 7-Tage-Programm, Südwest 2011 • Fasten Sie sich gesund, Irisiana 2004

Meditation und Mandalas
Mandalas der Welt, Goldmann 2012 • Reisen nach Innen, Allegria 2004 • Schwebend die Leichtigkeit des Seins erleben, Schirner 2012 • Arbeitsbuch zur Mandala-Therapie, Schirner 2010 • Mandala-Malblock, Neptun 1984

Weisheitsworte, Romane, Kalender
Weisheitsworte der Seele, Crotona 2012 • Worte der Heilung, Schirner 2010 • Wage dein Leben jetzt! www.heilkundeinstitut.at • Worte der Dankbarkeit und des Vertrauens, Schirner 2011 • Habakuck und Hibbelig, Allegria 2004 • Kalender des Jahres, Südwest

Geführte Meditationen von Ruediger Dahlke – Downloads bei Arkana Audio (CDs bei www.heilkundeinstitut.at)
Grundlagen: *Das Gesetz der Polarität • Das Gesetz der Anziehung • Das Bewusstseinsfeld • Die Lebensprinzipien – 12 CDs • Die 4 Elemente • Elemente-Rituale • Schattenarbeit*
Krankheitsbilder: *Allergien • Angstfrei leben • Ärger und Wut • Depression • Frauenprobleme • Hautprobleme • Herzensprobleme • Kopfschmerzen • Krebs • Leberprobleme • Mein Idealgewicht • Niedriger Blutdruck • Rauchen • Rückenprobleme • Schlafprobleme • Sucht und Suche • Tinnitus und Gehörschäden • Verdauungsprobleme • Vom Stress zur Lebensfreude*
Allgemeine Themen: *Der innere Arzt • Heilungsrituale • Ganz entspannt • Tiefenentspannung • Energie-Arbeit • Entgiften – Entschlacken – Loslassen • Bewusst fasten • Den Tag beginnen • Lebenskrisen als Entwicklungschance • Partnerbeziehungen • Schwangerschaft und Geburt • Selbstliebe • Selbstheilung • Traumreisen • Mandalas • Naturmeditation • Visionen • 7 Morgenmeditationen, Integral • Die Leichtigkeit des Schwebens • Die Psychologie des Geldes • Die Notfallapotheke für die Seele • Die Heilkraft des Verzeihens • Eine Reise nach Innen • Erquickendes Abschalten mittags und abends • Schutzengel-Meditationen*
Hörbücher: *Der Körper als Spiegel der Seele, Hoffmann und Campe • Von der großen Verwandlung, Lagato • Krankheit als Weg, Arkana*
Vorträge *von Ruediger Dahlke auf CD (über www.heilkundeinstitut.at): alle Buchthemen*
Filme *über Ruediger Dahlke: Unser Biogarten: Video-Bücher (3 DVDs, Sprache der Seele, Integrale Medizin ...)*

Veganes Vitamin B12, Vitamin D, Omega-3, „Take me – Glücksnahrung", „Take me – plus": über www.heilkundeinstitut.at

Kontakt:
TamanGa
1. Peace-Food-Zentrum und Restaurant
Labitschberg 4
Samerweg
A-8462 Gamlitz
Tel.: 0043-3453-33600
info@taman-ga.at

DIE REZEPTAUTORINNEN (... UND EIN REZEPTAUTOR)

Dorothea Neumayr wurde als eine von drei Privatpersonen in Österreich vom Gault Millau zur Haubenköchin ausgezeichnet. Sie ist Beraterin für ganzheitliche Psychosomatik und Archetypische Medizin, Buchautorin und Trainerin, gibt Seminare und Workshops, die auf Gesundheitsvorsorge, Stressbewältigung und Ernährung ausgerichtet sind, leitet Fastenseminare und Kochkurse. Außerdem ist sie als Wasser- und Atemtherapeutin tätig.
Veröffentlichungen: Fasten ABC, Nymphenburger 2009; Co-Autorin von Ruediger Dahlke in: Richtig Essen, Knaur 2006; Vom Essen, Trinken und Leben, Haug 2007; Sinnlich fasten, Nymphenburger 2010, Essensglück, Schirner 2010, Peace Food, GU 2011
www.dorothea-neumayr.com

Gabriele Lendle, Kunstmalerin und leidenschaftliche Hobbyköchin aus Korntal bei Stuttgart, hat bereits zwei vegane Kochbücher veröffentlicht.
Im Peace-Food-Kochbuch hat sie sich vor allem des Themas Fleischersatz angenommen, weil viele Umsteiger danach fragen. So experimentierte sie mit Fleischersatzprodukten wie Seitan, Lupine, Tempeh und Sojaprodukten – so lange, bis die Ergebnisse hervorragend schmeckten. Sie sind nun in diesem Kochbuch zu finden.
Veröffentlichungen: Ab jetzt vegan!, Trias 2012; McVeg – 80 vegane Schnellrezepte, Trias 2013
www.gabriele-lendle.de

Hildegard Biller, Gründerin und Leiterin des Soami Yoga Retreat Centers in Millstatt (Kärnten), arbeitet seit zwei Jahrzehnten als Ernährungsberaterin, Köchin, Meditations- und Yogalehrerin. In ihren Rezepten sind Ausgewogenheit, Geschmack, höchste Qualität der Inhaltsstoffe und Freude für das Auge von größter Bedeutung. Ihre veganen Cookies sind in ganz Europa bekannt und beliebt und können auch über das Internet geordert werden.
www.soami.at.

Bimbi und Chris – das sind Sabine Roots und Christopher Sternik, die sich schon seit ihrer Jugend in Wien kennen. Beide haben sich schon früh für das Kochen und für bewusste Ernährung interessiert. Chris hat die Wiener Hotelfachschule absolviert und in mehreren Restaurants im Ausland und in Wien Erfahrung gesammelt. Gemeinsame Reisen in ferne Länder haben ihnen neue Küchen und deren Geheimnisse erschlossen. Sehr erfolgreich führten sie die vegane Küche im ersten Jahr in TamanGa in der Südsteiermark und wollen sich nun den Traum von einem eigenen veganen Restaurant erfüllen.

SACHREGISTER

REZEPTREGISTER

Der Autor

Dr. med. Ruediger Dahlke, Jahrgang 1951, ist seit 1979 Arzt und Psychotherapeut und lebt mit Partnerin Rita Fasel im Zentrum TamanGa in Österreich, wo er Seminare zum Fasten, Ausbildungen in „Integraler Medizin", Bilder- und Atemtherapie und im Rahmen seiner Lebensschule A-P-L-Master-Kurse hält. Mit seinen Büchern zur Krankheitsbilder-Deutung von „Krankheit als Weg" bis „Krankheit als Symbol" hat er eine ganzheitliche Psychosomatik begründet, die seit 30 Jahren zunehmend Anhänger findet. Er hält Vorträge und gibt Fortbildungen in TamanGa, aber auch für Firmen und die Ärztekammer. Seine Bücher, die weit über die gängige Psychosomatik hinausgehen, liegen in 28 Sprachen (www.dahlke.at) vor und haben Brücken zwischen Schulmedizin und Naturheilkunde, zwischen Religion und spiritueller Philosophie gebaut. Auf der Grundlage der Buch-Trilogie „Die Schicksalsgesetze", „Das Schattenprinzip" und „Lebensprinzipien" hat er ein Krankheitsverständnis begründet, das die Seele nicht nur ernst nimmt, sondern ihre führende Rolle anerkennt. Darüber hinaus spiegelt sich sein Engagement für ein „Feld ansteckender Gesundheit" in Büchern wie „Peace Food" und „Mythos Erotik".

Impressum

ISBN: 978-3-8338-3304-5

Projektleitung: Anja Schmidt
Lektorat: Dorothea Steinbacher
Fotografie: Jan C. Brettschneider
Bildgestaltung und Foodstyling: Frauke Koops
Fotoassistenz: Janina Alff
Requisite: Christine Mähler
Assistenz Foodstyling: Rosi Oltersdorf

Umschlaggestaltung und Innenlayout: ki 36 Editorial Design, München, Sabine Krohberger und Ariane Busch

Satz: Nadine Thiel | kreativsatz, Baldham

Druck und Bindung: Firmengruppe Appl, Wemding

Bildnachweis:
Corbis: S. 14, 24; Getty Images: S. 16; Jalag Syndication, J. Rynio: S. 26; Jan C. Brettschneider: S. 7; Look: S. 32; Masterfile: S. 29; Mauritius Images: S. 17; Plainpicture: S. 5, 11; Stockfood: Coverfoto

3. Auflage 2013

www.graefeundunzer-verlag.de

GRÄFE UND UNZER

Ein Unternehmen der
GANSKE VERLAGSGRUPPE